高等学校科技创新计划创新平台项目：统计成果转化和技术转移基地

素配置与产业转型

LD省
经济发展的优化路径

陈 治 ◎ 著

经济管理出版社

ECONOMY & MANAGEMENT PUBLISHING HOUSE

U0604418

图书在版编目（CIP）数据

要素配置与产业转型：山西省经济发展的优化路径 ／ 陈治著. -- 北京：经济管理出版社，2024. -- ISBN 978-7-5243-0022-9

Ⅰ．F127.25

中国国家版本馆 CIP 数据核字第 2024WB1950 号

组稿编辑：谢　妙
责任编辑：谢　妙
责任印制：张莉琼

出版发行：经济管理出版社
　　　　　（北京市海淀区北蜂窝 8 号中雅大厦 A 座 11 层　100038）
网　　　址：www.E-mp.com.cn
电　　　话：(010) 51915602
印　　　刷：北京市海淀区唐家岭福利印刷厂
经　　　销：新华书店
开　　　本：720mm×1000mm/16
印　　　张：11.75
字　　　数：193 千字
版　　　次：2024 年 12 月第 1 版　　2024 年 12 月第 1 次印刷
书　　　号：ISBN 978-7-5243-0022-9
定　　　价：88.00 元

前　　言

　　经济增长主要通过生产要素资源投入来实现，而生产要素资源投入主要是指资本、劳动力、土地和其他自然资源的投入。这些生产要素资源的稀缺性决定了经济学研究的一个基本问题，那就是生产要素资源配置。如果生产要素可以充分地自由流动，实现帕累托最优，那么就是"有效配置"，而"错配"是偏离了这种理想状态。在科技发展突飞猛进的今天，拥有先进的技术成为经济增长的决胜法宝，创新人员和 R&D 资本投入成为新的创新资源并融入经济增长中，成为经济增长的重要动力。

　　山西作为资源型省份，在依赖煤炭产业的同时，经济增长方式长期以依靠资源投入的粗放式模式为主，这种资源型产业的畸形发展造成山西省劳动力的配置规模与三大产业的发展规模不相符，即劳动力错配。而三大产业之间的劳动力错配将导致经济产出的减少和经济效率的降低。近几年，随着第二产业和第三产业的发展，越来越多的劳动力从第一产业转入第二、第三产业，但是劳动力在三大产业之间的配置仍然存在不合理。此外，资本在三大产业之间的错配导致资本产出的无效率。因而，探索山西省三大产业之间劳动力和资本要素错配的一般规律，研究经济发展过程中山西省劳动力和资本配置的特征，对在新的历史时期转变经济发展方式、保持山西省经济持续稳定增长、统筹三大产业就业、促进三大产业均衡发展具有重要的现实意义。

　　山西省要想顺利实现经济转型，如何优化产业发展方向和要素配置，进而提高生产效率将是今后山西省政策制定者考虑的重点，也是本书研究的出发点。经济转型以产业转型为重点，那么在山西省经济转型进程中要素是否存在错配？如果存在，那么错配是否阻碍了产业结构调整及经济增长？错配的程度如何？产业优化路径该如何选择？未来的政策应如何引导？政府在山西省经济转型中应该扮演什么角色？本书的研究将给出上述问题的答案，并力求能够在经济地理学和时空分析方法等研究方面有所创新，为山西省要素配置与产业转型相关研究提供有价值的政策建议。

本书通过山西省与全国各地区生产要素整体配置的比较分析，以及对山西省生产要素投入结果和产业结构时空动态演变进行研究，肯定了生产要素配置对经济增长及产业结构的作用。进一步地，基于 Hsieh 和 Klenow（2009）的资源错配理论框架，本书从柯布—道格拉斯生产函数出发，建立了三次产业要素资源配置的测度模型，利用该模型实现对山西省分区域、分产业、分行业的劳动力和资本要素投入的错配进行测度，计算劳动力要素和资本要素的错配系数，进而依据要素错配系数测算山西省要素配置与产业转型的耦合协调性，从中对山西省服务业进行深入研究。通过对服务业的全要素生产率测算及生产性服务业高质量发展进行评价对比，突出山西省要素配置与产业转型对山西省经济发展优化的作用效应。

陈治

2024 年 9 月

目　　录

1　绪论 / 1

　　1.1　研究背景 / 1

　　1.2　研究意义 / 3

　　1.3　研究内容和思路 / 4

　　1.4　研究方法和技术路线 / 6

　　1.5　创新之处 / 8

2　相关文献综述 / 10

　　2.1　要素配置相关研究 / 10

　　2.2　产业转型相关研究 / 19

　　2.3　生产性服务业相关研究 / 22

　　2.4　要素配置与产业转型相关研究 / 27

　　2.5　文献述评 / 31

3　要素配置与产业转型相关理论 / 34

　　3.1　要素错配理论 / 34

　　3.2　产业转型的相关理论 / 38

　　3.3　要素错配对产业转型的影响机制 / 41

　　3.4　本章小结 / 42

4 生产要素配置整体测度 / 44

4.1 Lilien 指数测度法 / 44

4.2 生产要素的 Lilien 指数测算 / 45

4.3 要素配置 Lilien 指数的空间分布特征 / 47

4.4 要素配置 Lilien 指数的动态演变特征 / 49

4.5 要素配置对经济增长作用的分析 / 51

4.6 本章小结 / 55

5 山西省生产要素错配指数测算 / 56

5.1 数据的选取与预处理 / 56

5.2 生产要素错配指数测算 / 57

5.3 各地市生产要素错配情况 / 63

5.4 各行业生产要素错配情况 / 66

5.5 本章小结 / 75

6 山西省创新要素错配指数测算 / 76

6.1 分区域创新资源配置 Lilien 指数测算 / 76

6.2 单一资源错配系数测度 / 80

6.3 创新资源综合配置效率测度 / 87

6.4 本章小结 / 107

7 山西省生产要素配置与产业转型耦合协调性研究 / 108

7.1 山西省产业结构的时空动态演进 / 108

7.2 山西省生产要素投入结构的时空动态演进 / 110

7.3 山西省产业结构合理化评估 / 114

7.4 山西省产业结构高级化评估 / 116

7.5 要素错配与产业优化协调性分析 / 121

7.6　本章小结　/　125

8　山西省服务业发展现状与评价　/　127

8.1　山西省服务业发展动态演变过程　/　128

8.2　山西省服务业全要素生产率测算　/　133

8.3　本章小结　/　142

9　山西省生产性服务业高质量发展评价研究　/　143

9.1　生产性服务业区域发展现状分析　/　143

9.2　生产性服务业高质量发展水平测度　/　146

9.3　本章小结　/　156

10　研究结论与政策建议　/　157

10.1　研究结论　/　157

10.2　政策建议　/　158

参考文献　/　161

1　绪论

1.1　研究背景

改革开放以来，我国经济经历了高速增长阶段，经济发展已进入了工业化中后期阶段，产业结构也以"三二一"的比例呈现优化的特点和趋势。同时，发展进程中也呈现出经济发展拉动力不足等问题。传统的制造业部门具有高投入、高能耗、低效率等特点，出现了效率低下的"僵尸企业"，造成投资的无效、低效和浪费，使资本边际收益率下降幅度明显，资本要素投入对经济增长的驱动力明显减弱。在这种情况下，对于资源型省份山西来说，长期以来以煤炭行业为主的粗放型经济增长方式难以为继。山西省属于资源型地区，长期为追求短期经济效益形成的不可持续发展，使区域产业结构的形成与要素配置之间存在空间非均衡、不匹配的状况，造成了区域性创新动力发展不足，技术创新无法实现对产业升级的推动效应，阻碍了产业结构优化升级的步伐，直接导致山西省区域性增长非均衡日趋严重、经济持续稳定增长后劲不足、资源消耗与环境污染严重、产业国际竞争力较弱、中小企业创新能力不强等问题。在要素配置方面，劳动力资源向服务业和新兴产业的转移趋势明显，但高端人才短缺仍然是制约产业发展的重要因素。同时，资本投入在传统产业中的占比逐渐下降，而在新兴产业和科技创新领域的投入不断增加。在经济增长方面，山西省的地区生产总值在过去几年保持了稳定增长，但增速仍低于全国平均水平。综上所述，山西省在经济发展中面临着要素配置与产业转型优化的迫切需求。本书将深入分析山西省的现状和问题，探索适合山西省的经济发展优化路径，为山西省实现经济的高质量发展提供有益的参考和建议。

经济增长主要通过生产要素资源投入来实现，而生产要素资源投入主要是指资本、劳动力、土地和其他自然资源投入。这些生产要素资源的稀缺性决定了经济学研究的一个基本问题——生产要素配置。如果生产要素可以充分地自由流动，实现帕累托最优，那么就是"有效配置"，而"错配"则是偏离了这种理想状态。众所周知，劳动力和资本要素是生产要素的重要组成部分，劳动力资源和资本投入对一个国家或地区的经济发展有重要的影响，其配置效率高会促进经济高效发展；反之则会对经济发展起阻碍作用。目前，我国经济发展已取得较大成就，但是以往发展依赖的资源红利、人口红利等效应正在减弱。我国劳动力供给已经进入绝对减少的（拐点）区域，经济增长面临劳动力短缺的资源约束，这使我国的劳动力成本大幅上涨。资本要素投入对经济增长的驱动力明显减弱，并且在城市化演进的过程中，资本形成增速开始下降。经济发展模式发生了较大转变，逐步进入了经济增长速度的换挡期、经济结构调整阵痛期及前期刺激政策消化期叠加的阶段。这既受到生产要素供给制约的影响，也可能是由全要素生产率减速导致的结果。

山西省在依赖煤炭产业的同时，经济增长方式也长期以依靠资源投入的粗放式模式为主，这种资源型产业的畸形发展造成了山西省劳动力的配置规模与三大产业的发展规模不相符，即劳动力错配。而三大产业之间的劳动力错配将导致经济产出的减少和经济效率的降低。近几年，随着第二产业和第三产业的发展，越来越多的劳动力从第一产业转入第二、第三产业，但是劳动力在三大产业之间的配置仍然存在不合理。此外，资本在三大产业之间的错配会导致资本产出的无效率。因而，探索山西省三大产业之间劳动力和资本要素错配的一般规律，研究在经济发展过程中山西省劳动力和资本配置的特征，对在新的历史时期转变经济发展方式、保持山西省经济持续稳定增长、统筹三大产业就业、促进三大产业均衡发展具有重要的现实意义。

山西省要想顺利实现经济转型，如何优化产业发展方向和要素配置，进而提高生产效率仍将是今后山西省政策制定者考虑的重点，这也是本书研究的出发点。经济转型以产业转型为重点，那么山西省在经济转型进程中要素是否存在错配？错配是否阻碍了产业结构调整及经济增长？错配的程度如何？产业优化路径如何选择？未来的政策如何引导？政府在山西经济转型中应该扮演什么角色？本书的研究将给出上述问题的答案，并力求能够在经济地理学和时空分析方法等研究方面有所创新，为山西省要素配置与产业转型相关研究提供有价值的政策建议。

本书将从生产要素错配的角度出发，结合产业结构的发展变化，利用可获得数据，深入探讨山西省劳动力和资本生产要素错配的现状及修正路径；在梳理山西省三次产业的动态演进的同时，研究在现行经济压力下寻求经济增长新动力，以及转型升级中服务业转型等问题，挖掘山西省新的经济增长点。

1.2 研究意义

本书围绕山西省经济发展的优化路径进行探讨，从要素配置与产业转型两个角度进行深入探讨，具有一定的理论意义和现实意义。

1.2.1 理论意义

本书有助于丰富和拓展区域经济发展理论。通过对山西省要素配置与产业转型的深入研究，可以进一步揭示经济发展中要素流动和产业演变的规律，为其他地区的经济发展提供理论借鉴。同时，有助于深化对产业经济学和发展经济学的理解。从产业转型、要素配置等方面进行研究，可以为相关学科的理论发展提供实证支持和新的研究视角。

1.2.2　现实意义

本书的研究成果具有重要的现实意义，主要有以下三方面。

一是推动山西省经济可持续发展，为山西省制定更加科学合理的经济发展政策提供依据。首先，通过深入分析要素配置和产业转型的现状与问题，提出有针对性的政策建议，有助于优化要素配置，提高经济发展的质量和效益，实现经济的可持续增长。其次，明确各产业的发展方向和重点，推动传统产业的改造提升和新兴产业的培育壮大，促进山西省产业结构的优化升级，提高产业的附加值和竞争力，实现产业的多元化和高端化发展。

二是增强山西省经济的创新能力和竞争力，有助于提高山西省企业的创新能力。首先，通过优化要素配置，引导企业加大研发投入，加强技术创新和管理创新，提高企业的核心竞争力，使企业在激烈的市场竞争中立于不败之地。其次，通过产业转型研究，对比山西省与全国的优势和差距，把脉山西省产业发展的优势和着力点，增强山西省经济的影响力和竞争力。

三是促进山西省社会的和谐稳定。产业转型和优化升级将带动新兴产业和服务业的发展，从而创造大量的就业岗位，缓解就业压力，促进社会的稳定。此外，产业进一步升级有助于改善生态环境和居民生活质量，减少资源消耗和环境污染，提高居民的生活环境质量，促进社会的和谐发展。

1.3　研究内容和思路

一方面，本书通过梳理文献，归纳要素错配理论、测度方法及其与产业发展之间的关系，在内生经济理论基础上，建立基于 Hsieh 和 Klenow（2009）要素错配理论框架的生产函数模型，得出要素错配测度的理论模型，估计山西省各地市的劳动力和资本产出弹性，测度出山西省资本和劳动力的相对扭曲系数。利用全要素生产率测算山西省创新要素配置。分别利用 Lilien 指数和生产要素扭曲系数对全国各地区生产要素错配和山西省各地区、各产业、各行业之间的生产要素错配进行测度，对比分析山西省生产要素错配的现状及问题所在，为山西省产业之间要素配置调整提出政策建议。另一方面，通过产业结构合理化和高级化的测度分析对比山西省产业结构的现状，并利用山西省生产要素配置与产业优化之间进行耦合协调度研究，判断山西省要素配置与产业转型的协调程度。据此，提出山西省服务业转型升级的优化路径，为山西省产业转型及要素配置提供了政策建议。

本书具体研究思路如下。

（1）要素配置与产业转型的理论机制。本书借鉴内生经济增长理论中的创新资本积累效应理论、新经济地理模型中的自由资本模型及由 Hsieh-Klenow 要素配置框架演化而来的要素错配理论模型等，多角度结合探究山西省要素错配的根源和影响机制。同时，本书结合要素配置模式，给出更符合山西转型实际的经济假设条件，作为要素配置与产业转型研究的理论基础。

（2）山西省要素配置的现状及测度。要素配置的不合理往往会带来科技生产效率低下和经济发展质量下降。本书集中讨论了山西省要素配置中存在的诸多问题，如劳动力配置、资本配置及创新要素配置的各区域之间、部门之间进行多角度配置状况的对比分析，找出目前山西省要素配置存在的问题，对要素错配的存在性进行论证。主要从以下几个角度研究要素配置的测度。

一是单一要素配置效率的测度。单一要素配置效率的测度主要包括一般生产要素和创新要素的配置效率测度，一般生产要素包括劳动力和资本。通过采用 Lilien 指数，对产业结构调整过程中产业视角和空间视角的要素配置效率进行测算，Lilien 指数可动态表示为当前要素错配程度，由此可大致算出单一要素在区域和行业之间的配置效率。

二是综合配置效率 TFP 的测度。依据内生经济增长理论的思想[①]，将创新过程视为一般生产过程，对各区域的创新生产过程的多要素配置依据投入产出的方式，利用 Malmquist 指数的思想进行综合配置效率 TFP 的测算，从而

---

① 菲利普·阿吉翁，彼得·霍依特. 内生增长理论 [M]. 陶然，等译. 北京：北京大学出版社，2004.

进一步分析创新要素综合配置效率调整带来的产业结构优化及经济增长的潜力。

（3）山西省产业转型的测度及现状。通过产业结构合理化和高级化指数，测度山西省各地区产业结构发展状况，结合前文对山西省要素配置的测算结果，利用耦合协调度对区域间要素配置与产业转型的耦合协调性进行测度，反映山西省的产业转型与要素配置存在的不协调性。

（4）山西省服务业优化路径研究。基于山西省产业转型方向，重点探讨山西省服务业发展存在的问题，测算服务业的全要素劳动生产率，并对生产性服务业高质量发展进行评价，通过对比山西省生产性服务业的发展，探讨其发展特征及优化方向。

（5）政策建议。结合山西省要素配置与产业转型的研究结论，从体制机制改革、政府角色定位、区域产业布局与要素配置引导、创新资源平台建设与信息公开、提升基础性研究和高校创新主体地位、建立多层次科技创新服务体系等方面提出政策建议。

1.4　研究方法和技术路线

本书的研究方法主要有以下五种。

一是文献梳理法。本书通过对要素配置和产业转型已有的相关文献进行梳理，了解与研究内容有关的基础理论和相关研究成果，找出本书的研究思路和创新之处，深入进行相关领域的探究，并为实证分析部分提供理论依据。

二是描述统计法。本书在对各类要素配置现状进行梳理时，主要基于描述统计分析方法，运用统计图表分别对生产性要素及创新活动的资源配置现状进行了描述及分析，找出山西省要素配置中存在的问题，为山西省要素配置的研究提供依据。针对山西省产业发展现状进行描述性分析，对产业结构合理化和高级化进行分析，充分利用统计图表对山西省的产业转型进行量化分析。

三是指数测度。本书在对要素配置状况进行测度时，运用多种方法分别从单一要素、多要素等角度进行错配测度，分别测算了 Lilien 指数及要素错配系数、生产要素和创新要素错配情况及综合效率，多角度对山西省产业间、区域间要素配置的状况进行对比研究，这些测算结果均基于指数的构建得出；同时，通过构建产业结构升级指数和区域创新驱动力指数，探讨山西省产业转型的动态发展规律，进而分析要素配置对区域经济驱动的影响；通过构建指标体系，有效测度生产性服务业高质量发展，横纵对比山西省生产性服务业高质量发展的优势和劣势，为山西省产业转型发展的路径探索提供数据支撑。

四是关联性测度。本书结合经济地理的空间视角，分别运用空间计量及耦合度模型等测度研究对象的关联性；运用空间计量，分析要素配置对区域经济增长的作用；利用耦合协调度模型测度山西省要素配置与产业结构之间的协调性，深入探讨山西省要素配置与产业转型的未来发展之路。

五是指标体系综合评价法。在生产性服务业高质量评价的研究中将 CRITIC 法和熵权法结合运用，既能较好地反映各指标之间的对比度，又能反映各指标之间的差异性。本书采用 CRITIC—熵权法综合权重模型对生产性服务业高质量发展指标体系中的各项指标进行赋权，使各项指标的权重更加科学、合理。同时，采用 TOPSIS 综合评价法对我国 30 个省份（不包含港澳台地区和西藏）2011～2022 年生产性服务业高质量发展水平进行测度，以此分析目前高质量生产性服务业的发展水平。

本书的技术路线如图 1-1 所示。

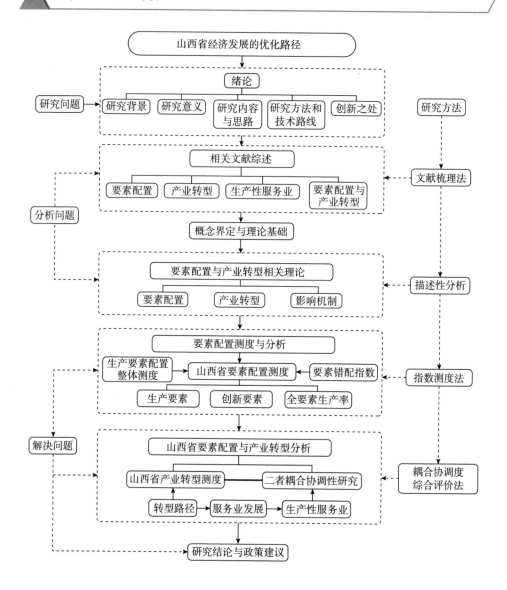

图 1-1 本书的技术路线

1.5 创新之处

首先，本书突破传统产业内部要素配置研究的固有框架，对山西省各区域多行业的要素错配进行了测度。基于内生经济增长理论，借鉴 Hsieh 和 Klenow（2009）的要素错配理论框架，将劳动力要素、资本要素及创新要素有效分解并进行错配测度；进一步地，测算生产要素和创新要素的错配指数，并进行区域对比，以探究山西省要素配置存在的问题。

其次，本书将要素配置的变化和产业转型的动态变化进行融合研究。在梳理山西省产业结构区域动态演进过程的同时，对山西省产业结构的合理化和高级化进行评估，结合要素错配效应的理论框架，利用要素错配的测度结果与产业结构演进程度进行动态分析，进一步探讨要素错配与产业转型的耦合协调性，找出山西省经济发展中的瓶颈所在，进而挖掘减少错配、提升经济增长潜力的路径。

最后，本书构建指标体系对生产性服务业高质量评价进行测度。目前研究生产性服务业高质量发展水平测度的学者很少，还没有构建一套完整科学的指标体系，且在高质量发展水平指标体系的构建中，多数学者仅从产业角度或新发展理念入手，这导致指标单一、不全面，不能准确反映生产性服务业高质量发展水平。本书的评价指标体系使用"投入效率—产出效果"框架，引入产业结构、创新载体、协调能力指标衡量投入效率，引入规模效益、创新产出、开放程度、经济共享指标衡量产出效果。

2 相关文献综述

本章结合研究主题，分别对要素配置、产业转型、生产性服务业以及要素配置与产业转型相结合的相关研究进行梳理和述评。

2.1 要素配置相关研究

学界对要素配置的研究多是从错配的视角开展的。要素错配的概念源于 Kain（1968）对美国住房、就业和城市建设之间的微观研究。"错配"是相对"有效配置"而言的，理论上的定义是市场不完善，资源无法在国民经济中实现帕累托最优状态。传统的经济理论是在完美市场假设且要素自由流动的前提下研究经济增长的，现实中该假设并不能被满足，所以对要素错配的研究引起了学者对传统经济理论的思考。

在完全竞争市场中，消费者追求效用最大化，生产者追求利润最大化，且生产技术水平是凸的，各部门及企业间所有要素的边际产出均相等，会达到资源配置的帕累托最优状态。而"错配"是指要素配置没有达到这种最优配置状态，处于无效率状态，即存在不合理之处，整个社会并没有达到潜在产出。

2.1.1 要素错配的概念与类型

要素配置即在一定的范围内，社会对所拥有的各种资源在不同用途之间进行分配，"要素错配"的出现，主要是相对有效的要素配置而言的，是要素配置效率低下的一种现象。在有效的要素配置下，资源的产出率将实现最大化，使要素配置的状态达到最优。但是，只有在完全竞争市场的条件下，要素配置最优才能得以实现。在瓦尔拉斯一般均衡模型中，在完全市场的条件下，生产资源的价格由市场的价格机制决定，并且能够不受任何条件限制（包括交易成本、政策管制等）在各个经济主体或生产部门之间自由流动。然而，在现实世界中，由于存在各种制约因素（如市场失灵、信息交换不及时或政策干预等），使资源的价格产生扭曲，资源的自由流动受到限制，资源在各生产部门之间的配置比例偏离在完全竞争市场条件下的要素配置比例，从而产生要素错配，这就使资源的产出效率偏离了有效要素配置下的产出效率水平，造成产出缺口。要素配置效率越偏离有效资源效率，产生的产出缺口就会越大。

帕累托最优效率就是最早关于这方面的讨论，资源分配的一种理想状态是帕累托最优状态，即除一些人的效用不变外，我们做出的任何微小改变都不能使效用增加或减少。Kaldor（1961）在帕累托研究的基础上又提出了帕累托改进的概念，他认为一项福利政策是不可能对每个人都有益而无害的，如果该福利政策的福利水平足够好，从而可以对别人缺少的福利进行弥补，这种配置就是有效的。Robinson 和 Wrightsman（1974）也认为，市场效率由运营效率和要素配置效率二者共同决定。Banerjee 和 Moll（2010）指出，错配分为政策导致的"内涵型错配"和企业竞争形成的"外延型错配"。陈永伟等（2013）认为，要素价格扭曲会造成行业要素错配。杨志才和柏培文（2019）从经济结构、要素自身、技术进步和经济环境等方面，阐述要素错配的形成与影响。他们指出，劳动力、资本、技术等要素的不合理配置在很大程度上是由信息不对称引起的。不能快速有效地获取信息，不但不能让决策者及时更新决策，有时还会给决策者带来错误的信号，使之做出错误判断。信息越透明，信息交流越发达，就越有利于劳动和资本所有者了解不同要素需求信息、价格信息和产出信息，从而有助于要素所有者科学决策、合理配置要素资源。

关于要素错配，Banerjee 和 Moll（2010）区分了粗放型要素错配和集约型要素错配，将粗放型要素错配（Misallocation on the Extensive Margin）定义为在一个经济体内所有企业的生产要素边际产出均相等的条件下，仍能够通过重新分配要素带来产量提升的情况，并证明了在相当普遍的条件下，前者应渐渐消失，而后者可能持续存在。陈永伟（2013）将这种错配称为外延型要素错配。

与粗放型错配相对应的是 Hsieh 和 Klenow（2009）提出的集约型要素错配，又称内涵型要素错配（陈永伟和胡伟民，2011；陈永伟，2013），指各部门及企业之间的边际产出不相等造成的资源非有效配置，存在优化配置、提高总产出的空间。直观地讲，集约型错配（内涵型错配）不考虑市场中企业的进入与退出，可以理解为在位企业之间的要素错配；粗放型要素错配（外延型要素错配）考虑企业的进入与退出，可以理解为在位企业、进入与退出企业之间的要素错配。本书的研究只考虑集约型要素错配。

2.1.2 生产要素错配测度

对比目前区域经济发展存在的差异性，一种逐渐兴起的观点是，一个国家或区域经济不发达的原因，可能不仅是资本、熟练劳动力、企业家精神或思想等资源缺乏的问题，现有要素配置不当或滥用也是原因之一。Alfaro 等（2008）比较了不同国家的企业规模分布，发现大多数发展中国家的企业规模分布与假定有效的分布（美国）并不相同。Hsieh 和 Klenow（2009）通过计算资本及劳动边际产品的几何平均，估计了基于收益的全要素生产率（TFPR）的分布，发现在印度是 5.0，在中国是 4.9，在美国是 3.3。若以美国为资源有效配置的标准，中国和印度的 TFP 离散程度高于美国，存在要素错配问题，如果按照边际收益相等对中国和印度两国的资本、劳动力进行重新配置，那么 TFP 可以分别提升 25%～40%、50%～60%。此外，在这三个国家中，以 TFP 衡量的生产率最高的企业往往最容易被扭曲，这放大了 TFPR 不平衡的影响。Bartelsman 等（2013）基于"生产率最高的公司应该是最大的公司"这一理论，用公司规模与劳动力平均产量之间的相关性衡量配置效率，发现发展中国家的要素配置效率明显低于美国。李静和楠玉（2019）将人力资本错配视作企业生产中"高技术劳动力从事低技术性生产"现象，通过人力资本报酬差异下的人力资本价格扭曲和数量错配进行测度。李展（2021）从行业视角，探讨了资源错配的测度与根源。

部分学者认为，经济落后地区资源分配不当的程度足以在很大程度上解释经济发达地区和落后地区之间 TFP 存在的差距（Banerjee & Duflo，2005；Jeong & Townsend，2007；Restuccia & Rogerson，2008；Hsieh & Klenow，2009；Alfaro et al.，2008；Buera et al.，2011；Bartelsman et al.，2013；Hsieh et al.，2019）。虽然这些证据都有一定的局限性，但整体而言，都传达出一种新的思路，即要素配置的影响非常重要，而要素错配的程度也逐渐成为学者关注区域经济差异的着眼点。

一些学者从空间角度研究了要素错配。Houston（2001）利用美国企业间资源再分配数据资料检验了美国企业资源要素存在空间错配的假设。Micco 和 Repetto（2012）在研究中给出了关于空间错配的新理论机制，并指出劳动力要素错配是劳动力资源随经济发展变化的一个必然结果，如何优化其配置并提高效率取决于劳动者的最优行为决策。谢呈阳等（2014）利用 1500 家企业的调研数据，测算了传统产业中资金、高端人才和普通劳动力资源的空间错配形态、程度和由此导致的产出缺口。Guvenen 等（2020）从多维角度对劳动力市场的错配进行了研究。

2.1.3 生产要素错配与全要素生产率

在新古典增长理论之后，逐渐将国家经济实力的衡量标准划分为资本、劳动力和全要素生产率（TFP）三个方面。因此，许多学者致力于发现提高全要素生产率的方法。

一是劳动力要素错配研究。Ho（2010）对印度的劳动力市场错配进行了考察。他指出，印度劳动力市场存在严格的管制，该管制成为劳动力要素错配的主要诱因，导致印度的 TFP 损失为 5%~8% 或更高。Micco 和 Repetto（2012）利用 1990~1997 年的智利数据研究了劳动力错配状况，指出若劳动力要素配置合理，智利的 TFP 水平还可提升 25% 左右。袁志刚和解栋栋（2012）认为，中国劳动力错配对 TFP 具有明显的负效应，并呈逐渐扩大的趋势。Aysegul 等（2014）指出，在美国和英国应对经济危机的过程中，创造的工作岗位和实际需求的岗位之间存在严重的不匹配，导致失业率居高不下，企业用工成本增加。Xavier 等（2014）通过建立包括个体知识要素的增长模型，研究了由劳动力流动约束导致的劳动力错配问题。他们认为，劳动力市场机制、劳动报酬及税制是劳动力错配的主要原因，也可以解释不同国家的 GDP 之间的差异。Teresa（2015）以中国香港银行业为例进行了劳动力要素错配的研究，探讨了结构性失业的根源。杨曦和徐扬（2021）研究了在开放经济视角下考察国内行业之间要素错配与国际贸易成本变动对中国经济的影响。吕延方等（2024）研究了在数字经济背景下，制造业行业企业数字服务投入对劳动力要素错配的非线性影响，以及行业竞争程度所起的调节作用。

二是资本要素错配研究。Banerjee 和 Moll（2010）指出，错配分为政策导致的"内涵型错配"和企业竞争形成的"外延型错配"，美国的金融市场的扭曲带来的"外延型错配"也不可忽视。Midrigan 和 Xu（2010）运用生产者数据给出了同样的结论。Buera 等（2011）从理论上论证了金融市场的摩擦不仅会扭曲现有企业之间的资本配置状况，而且会影响企业家的创业行为。Kalemli-Ozcan 和 Sørensen（2012）对非洲十国的研究发现，金融的可及性对企业之间的资本配置状况存在重大影响。平均来讲，金融可及性较差的国家，其企业的资本边际产出要比金融可及性较好的国家高 45%。Ziebarth（2012）对要素错配和生产率的损失进行了考察，发现在"大萧条"期间，银行出于防范风险的需要，不愿为高生产率、高杠杆率的企业进行融资，极大增加了这些企业的融资成本，从而引发错配。余婧和罗杰（2012）、周煜皓和张盛勇（2014）分析了金融资源由在国有企业和民营企业之间的配置差异导致的效率低下。靳来群（2015）剖析了我国金融要素错配及其差异形成的深层次原因，并研究了金融要素错配对中国省际 TFP 增长差异的影响。上述国内学者均认为，现有的金融体制并未很好地完成优化资金配置，无法起到优化生产要素配置服务的作用。张宗华和张帅（2022）从资本要素错配纠偏的视角，探究数字金融提升资本配置效率的相关机制，并进一步利用省际面板数据模型进行实证研究。孙振华和易小丽（2023）从双重金融摩擦视角，分析数字金融作用于资本要素错配的机制，并验证了数字金融与资本要素错配之间呈现显著的倒"U"形关系。

三是全要素生产率。Robinson 和 Wrightmans（1974）认为，市场效率由运营效率和要素配置效率二者共同决定。Syrquin（1986）从要素配置的视角，推广了 Solow 的增长核算框架，把 TFP 的增长分解为行业 TFP 的增长及要素的配置效应，这一框架被广泛应用于分析结构变化的影响，对要素错配的进一步研究起到了重要的引导作用。Wurgler 和 Mangold（2000）通过计算资本配置效率指数，可以衡量经济发展程度。Dollar 和 Wei 等（2007）利用中国 2002~2004 年 120 个城市的 1 万多家企业的数据进行研究，发现中国存在系统性的资本配置扭曲，这导致了不同所有制、地区和部门之间存在非常不平均的资本边际报酬差异，阻碍了全要素生产率的提高。他们还发现在资本得到有效配置的条件下，中国的资本投资可以额外增加 5%。Rogerson（2008）认为，要素错配产生的原因在于信息不对称。信息不对称的存在，使企业在做出经营策略时需要收集有关行业的生产率等信息，并支付相关费用，这形成了沉没成本，会影响企业的进入和退出决策，阻碍资源的有效流动，从而导致要素错配。他在对美国经济数据进行仿真模拟后发现，如果将各企业置于不同的市场要素价格下，那么全要素生产率整体水平可能会下降 30%~50%。

Hsieh 和 Klenow（2009）对该问题的研究在国际上具有较大影响，并且在后续的研究中得到了广泛应用。他们利用一个垄断竞争模型结合企业数据推测，中国和印度如果像美国那样将要素配置给高生产率的企业，那么将对全要素生产率产生怎样的影响。他们认为要素错配存在于当经济体系为静态，以及企业的生产集为凸性时，那时资源在各企业之间的边际产出处于不相等的非均衡状态。他们在研究要素配置不当对全要素生产率的影响时，选用全要素生产率价值的离散程度来衡量要素配置效率，并应用这一方法测算了中国和印度两个国家制造业1998~2005 年的要素配置效率情况。研究发现，如果对中国的生产要素进行合理分配，那么中国的全要素生产率可以增加 25%~40%；如果对印度的生产要素进行合理分配，那么其全要素生产率就会提高 50%~60%。Banerjee 和 Moll（2010）指出，即使当资源的边际产出在所有企业之间都相同时，仍然可以通过限制要素配置倾向与具有更高效率的潜在进入企业产生要素错配，并且，如果经济体中存在技术非凸的企业，那么所有企业的边际产出相等这一在以上研究中的均衡状态仍然能够产生要素错配。Brandt 等（2012）利用 1998~2006 年的中国制造业企业数据，对 TFP 增长率进行了分解，认为如果企业的进入和退出是自由的，资源可以从低效率的企业向高效率的企业流动，那么这种资源重置将进一步提高中国企业的 TFP。Brandt 等（2013）在对中国各省非农产业之间的资源投入产出数据进行分析的基础上，发现全要素生产率降低主要是由国有垄断企业与非国有企业之间要素错配导致的。Dauth 等（2021）对劳动力市场在信息技术快速发展的背景下劳动力配置进行了相应的研究。

国内学者在这方面也进行了大量研究，李红霞和李五四（2010）从科技的角度出发，基于 C-D 函数的 BBC 模型对 30 个省份的科技要素配置效率进行了测度，发现中国科技要素配置效率存在显著的地区差异。曹玉书和楼东伟（2012）在分析和分解我国各地区三次产业要素错配程度的基础上，重新测算了我国在要素错配条件下的经济增长，得到了要素错配、结构变迁和经济转型间的关系。杨振和陈甫军（2013）估计了两位数代码行业的要素产出弹性，并且对劳动力要素资源扭曲带来的福利损失进行测度。龚关和胡关亮（2013）在 Hsieh 和 Klenow（2009）提出的测算要素配置效率方法的基础上，突破了模型规模报酬不变的限制，提出将投入要素的边际产出价值的离散程度作为衡量要素配置效率的指标。他们的研究发现，若资本和劳动力均为有效的配置，1998 年我国的制造业全要素生产率将提高 57.1%，而 2007 年将提高 30.1%。陈斌开等（2015）对房价和要素配置效率进行了研究，发现高房价会导致要素错配，引起全要素生产率的降低，研究发现，房价上涨 1%，资源再配置效率会下降 0.062 个百分点，全要素生产率会下降 0.045 个百分点。张建华和邹凤明（2015）分析了要素错配对 TFP 的影响、资源在产业间的错配及影响，以及错配对经济增长作用的传导机制。张倩肖和李丹丹（2016）采用 Levinsohn & Pertrin 法（简称 LP 半参数法）系统分析测算了中国 31 个省份全要素生产率（TFP）的变动情况，同时比较了跨地区生产率差异并分析了其中原因。结果表明，中国跨地区全要素生产率具有较大的差异。刘贯春等（2017）探讨了最低工资标准对要素配置效率的影响，并指出最低工资标准的上调有利于改善要素错配，且该效应在东部、中部、西部三大区域趋于增强。张万里和罗良文（2018）分析要素错配影响中国制造业结构变迁的作用机制，研究发现，要素错配在总体上抑制了制造业的结构优化并在不同地区间表现出差异性。李言等（2018）对中国地区要素配置效率的变迁进行了研究。张伯超等（2019）认为，制造业内部不同要素密集型产业间要素错配是阻碍我国制造业转型升级的重要因素之一，并且利用 2006～2015 年的省级层面数据对要素错配效率进行测算，结果表明，2006～2015 年我国制造业不同要素密集型产业之间的要素错配引致制造业总体 TFP 年均损失 3.25%，其中资本错配导致制造业总体 TFP 年均损失 0.53%，劳动力要素错配导致 TFP 年均损失 2.25%。李展（2021）从行业视角探讨了资源错配对全要素生产率的影响。杨豪（2022）探讨了企业融资寻租扭曲资本要素配置的内在机制，并量化了其导致的全要素生产率损失。

2.1.4　创新要素错配测度

1993 年，世界银行首次明确"创新资源"这一概念是创新能力的外在表现，是科学技术进步的源泉，可以综合表达为企业技术创新活动中需要的各种资源投入的总和，直接或间接推动科学技术进步，从而促进整个社会的经济发展，且创新资源是多要素的集合，不同要素之间相互作用形成一个系统，包括人力、物力、财力各方面的投入要素。其中，人力资源主要指直接从事研发和创新活动或为研究开发和创新活动直接服务的人员；财力资源通常指研发或创新活动中投入的经费。这一概念的明确加速了 20 世纪 90 年代对创新资源的研究，一定程度上推动了科技创新领域的研究热潮。学者在研究中对其赋予不同的名称：科技资源、技术创新资源和科技创新资源等（王亮，2010）。

创新资源具有如下特点：其一，不同于传统的自然资源，创新人才需要通过后天学习获得新知识、新技术等，人力在某种程度上也是一种创新产出，因而创新资源并不是先天形成的（王海燕，2000）；其二，创新资源及其产出不同于私人物品，不具有排他性，而具有外溢性（朱付元，2000）；其三，不同于传统自然资源，创新资源是可再生的，它的利用不受环境、时间和空间的限制（戚湧等，2013）；其四，创新资源的作用具有过程性，现在的创新产出是过去研发活动积累的过程，更是对以后创新产出的积累（秦宇，2017）；其五，不同于资本资源或劳动力资源，创新资源的存在形态多样化，既有物质形态的科研仪器、设备等，也有非物质形态的产权、专利等（陈宏愚，2003）。

2.1.5 创新资源错配的根源

学者将创新资源错配的根源更多地归因在市场和制度层面。Leoncini（1998）对比了德国和意大利的创新体系，发现制度和政策对技术进步的作用会影响科技资源配置的路径。师萍和李垣（2000）认为，市场是科技资源优化配置的客观载体和决定性因素，科技市场环境与一般市场环境相同，都是由制度因素构成的，科技资源体系中制度的作用在于它能创造并调整各种交换流，促使科技资源系统内的各部分协调发展。如果科技制度不佳，将导致科技资源投入不足与结构分散，影响科技资源配置。许庆瑞（2010）提出，创新资源要素在发展过程中由于自身条件会形成一定的差异性，它们之间需要通过相互作用形成协同，从而提高创新能力。我国在很长一段时期内实行计划经济体制，国家干预创新资源配置，其协同机制必然受到影响，直接导致创新资源投入与产出不匹配。唐泳和赵光洲（2011）提出，我国科技资源配置方式主要有计划型和市场型两类，不利于资源的合理分配，容易造成资源浪费。翟静和卢毅（2015）将科技资源配置模式按政府干预程度划分为三种类型：自由市场型、行政引导型和社会市场型。他们认为，计划和市场二者应该在科技资源配置上起互补作用，政府、资源所有者、科技中介等要在科技资源配置中制定一定的规矩，从而对科技资源市场配置机制起到稳定作用。除政府创新资源"投入目标"干预外，市场结构、专利制度、对外开放政策、科技补贴政策、金融信用体系、经济体制都可以对创新资源配置形成创新生产过程的外部冲击（Hoekman et al.，2005；Ratchford & Blanpied，2008；Park & Ryu，2015）。焦翠红等（2017）发现，政府补贴对 R&D 资源配置效率的影响呈倒"U"形，且大部分行业处在倒"U"形的左侧，政府对创新活动的补贴短期内可以促进资源配置效率提高，但长期来看，不利于资源配置效率的提高。祝平衡等（2018）参考聂辉华和贾瑞雪（2011）、Bartelsman 等（2013）的研究，用 OP 协方差方法测度基于 1998~2007 年的面板数据，研究政府支出规模对行业内资源配置效率的影响，发现政府支出规模越大的地区，资源配置效率越低，地区政府支出规模对资源配置效率的影响存在异质性。李欣益（2017）、傅小龙（2019）等提出政府加大资金投入，设立人才专项发展基金，完善人才服务保障体系，加强人文关怀，强化资源配置优化理念，采取多种手段创造优质的就业环境。周海波等（2017）运用 Hsieh-Klenow 模型，用 1999~2007 年工业企业数据，计算各地区总体资源配置效率，与"交通密度"组成面板数据，进行系统 GMM 估计，并检验产业结构、市场分割程度及地区分工水平等对交通基础设施影响资源配置效率的中介效应，探究传导机制。范德成和杜明月（2018）用 Tobit 模型分析高端装备制造业技术创新资源配置效率的关键影响因素，发现企业规模对技术研发阶段的资源配置效率具有负向作用，对技术转化阶段的资源配置效率具有正向作用；市场集中度对整体和技术转化阶段的资源配置效率具有正向作用，垄断不利于技术创新资源的有效配置，政府支持对资源配置效率具有负向作用，因此应充分发挥市场作用。赵静（2020）以皖北地区不断优化的创新创业环境和不断投入的科技资源为背景，从科技资源管理体制不合理、科技资源总量不大、科技资源开放共享程度低和创新主体角色错配等方面分析了皖北地区创新不足、资源存在错配的原因。陈钰芬和陈锦颖（2024）探讨了数字化发展对创新要素错配的影响。

2.2　产业转型相关研究

产业结构作为经济结构的重要支撑，迫切需要转变发展方式、优化结构、转换动力，故而产业转型发展成为推动经济高质量发展的必然要求和途径。笔者梳理现有的相关文献发现，对产业转型升级的相关研究主要集中在产业结构演变规律和产业结构发展水平测度方面。

2.2.1　产业结构演变规律

关于产业结构演变的研究，国外学者主要利用一些发达国家或准工业化国家的历史数据研究产业结构演进规律，如配第—克拉克定理及在其基础上提出的库兹涅茨法则（1973）分别描述了劳动力随着人均收入的提高在三次产业中的结构变化，以及各产业部门的国民收入和劳动力结构变动规律；Chenery（1960）基于不同时期起主要作用的制造业将成熟的工业经济划分为不同的工业化阶段；Rostow（1971）基于经济发展史，将人类社会发展分为六个阶段，并认为对社会发展最有意义的阶段是起飞阶段和追求生活质量阶段。

其他学者也进行了相关研究。一方面，如 Pieper（2000）、Samy 和 Daudelin（2013）研究了欧美国家的去工业化和再工业化；干春晖和王强（2018）等参考库兹涅茨法则、钱纳里"标准结构"等，通过测算我国的经济发展水平、产业结构、工业结构及就业结构等分析我国产业结构的演变过程，并指出当前我国整体处于工业化后期阶段，相比总量矛盾，结构矛盾成为经济发展的最主要矛盾。另一方面，探讨产业结构调整的方向和路径，如 Fagerberg（2000）、Humphrey 和 Schmitz（2002）分别探讨了产业升级与要素禀赋、技术进步和价值链升级的方向及要求；李钢等（2011）指出，各国产业结构演变有一定的相似性，但各国的具体国情和经济发展水平存在显著差异，调整产业结构不能盲目参照发达经济体，并强调制造业是国民经济的基础和支柱，其地位是其他行业无法替代的，未来仍然有较大发展空间；周天勇和张弥（2012）指出，由"虚"向"实"是国际经济发展及产业调整的主要新动向；费洪平（2017）指出，我国产业转型升级的方向是"六化"；宋文月和任保平（2018）、郭克莎（2019）分别回顾和总结了改革开放 40 年来我国的产业政策和影响产业结构变动的主要因素，指出了我国产业调整所面临的主要问题，比如新兴产业有待加强、服务业结构有待优化等；张永恒和王家庭（2019）认为，当数量型产业转型升级达到极限时，必须进行质量型产业转型升级，未来我国产业转型升级必须注重产业间的互补性、各产业内部结构及质量优先。

2.2.2 产业结构发展水平测度

关于产业结构发展水平测度，现有文献无论是测度产业升级水平，还是测度产业转型升级水平，抑或是测度产业结构优化水平，整体上都以产业结构合理化和高度化为框架进行测度研究，认为产业结构发展是一个动态过程，一方面表现为通过提高产业间关联水平，使产业协调能力加强的合理化过程；另一方面表现为以创新为核心动力，使产业结构从低水平向高水平发展的高度化过程。

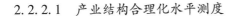

2.2.2.1 产业结构合理化水平测度

产业结构合理化是指提高产业间有机联系的聚合质量，主要体现在两个方面：优化产业结构在生产规模上的比例和提高不同产业的关联程度。部分学者选取三次产业的产值比例、三次产业的就业比例、克鲁格曼指数等指标反映产业结构比例关系，将计算结果与 Kuznets（1973）提出的"标准结构"相比较，并计算两个结构的相似程度，如 Hamming 贴近度或 Euclid 贴近度，以二者的"接近程度""离差程度""偏离程度"对产业结构合理水平进行判别（田新民和韩端，2012；樊福卓，2013；王志华和陈圻，2005）。干春晖等（2011）改进了结构偏离度指数，重点考虑产业的相对重要性，运用泰尔熵指数测度产业结构合理化。樊福卓（2013）改进了产业结构相似度测度方法，构造产业结构相似指数用于测度多地区之间产业结构相似度。部分学者利用投入产出表中不同产业的"中间需求率"和"中间投入率"，基于要素投入合理配置层面，分析各产业在生产过程中的地位和比例，测度不同产业的前后向关联水平，以评估产业结构合理化水平。

2.2.2.2 产业结构高度化水平测度

产业结构高度化是指产业结构从低度水平向高度水平的发展，是经济发展的必然要求，符合产业发展规律，主要表现为产业结构逐步由农业占优向工业、服务业占优演进，由劳动密集型产业向资本密集型、知识密集型产业升级，由传统产业向现代产业升级，由价值链低附加值环节向高附加值环节攀升，等等。国内较早研究如何测度产业结构高度化的是宋锦剑（2000），其构建了包含三次产业结构比例、霍夫曼比例、工业加工程度、智力技术密集型程度、新兴产业产值比重、基础产业超前系数等的产业结构优化测度指标体系，虽然该指标体系能较全面地反映产业结构发展水平，但一些指标只适合定性分析，实际中数据根本无法获得，因而应用性较差。部分学者选择第二和第三产业产值之比、高新科技产业产值占比及霍夫曼指数等指标测度产业结构高度化水平，代表性文献如干春晖等（2011）、陆明涛等（2016）、刘斌等（2016）、姚战琪（2019）等。干春晖等（2011）将第二、第三产业产值之比作为产业结构高度化的度量指标，若该指标数值处于上升状态，则说明经济在向"服务化"的方向推进，即表明产业结构升级。姚战琪（2019）在研究中借鉴了干春晖等（2011）产业结构高度化的测算方法。陆明涛等（2016）进一步强调经济结构服务化、制造业服务化在经济增长和价值链升级中的重要性，尤其是随着生产性服务业的蓬勃发展，第二、第三产业之间的界限越发模糊，第二、第三产业融合发展趋势显著，经济服务化是产业结构高度化的重要特征。部分学者认为，产业结构高度化是以技术创新为基础的，尤其是对于制造业而言，技术进步是制造业结构转型升级的核心动力，技术水平高、技术进步率高的行业往往是产业升级的主导方向，因而应选择高新技术行业产值增长率测度制造业结构升级水平（韩峰和阳立高，2020）。

2.3 生产性服务业相关研究

随着我国经济快速增长，服务业获得空前发展，总量不断增长，结构日益完善，同时服务业区域发展不平衡问题也逐渐暴露（曾春水等，2012）。与制造业相比，服务业在生产和消费时空上具有不可储存性、不可分性、非物质性等特点，具有更强的空间集聚效应（Illeris & Jean，1993）。国内外学者从概念、理论和实证方面对服务业的空间结构和趋势（Coffey & Shearmur，2002），以及从产业集聚效应（Glaeser，1999；黄娟，2011）等方面对服务业的空间规律进行了较为系统的研究，具有很好的借鉴意义。近年来，在我国大中城市向服务经济迈进的背景下，国内学术界对生产性服务业的研究逐步成为热点。

2.3.1 生产性服务业的定义

生产性服务业的概念最早由 Greenfield 在 1966 年提出，他将生产性服务业定义为那些主要为生产活动提供服务而非直接向消费者提供服务的行业，强调了生产性服务业的中间投入性质，即它们提供的服务不直接参与生产或物质转化。随后，Browning 和 Singelmann（1975）在对服务业进行功能性分类时，拓展和深化了 Greenfield 的观点，将生产性服务业定义为直接或间接为生产经营活动提供中间服务的产业，并认为生产性服务业包括金融、保险、法律、工商、经纪等具有知识密集性和为客户提供专门性服务的行业。Howells 和 Green（1986）将生产性服务业视为为其他行业提供专业知识的行业，包括保险、银行、金融和其他商务服务业，以及职业和科学服务。Coffey（2000）认为，生产性服务业不是直接用来消费，也不是可以直接产生效用的，它是一种中间投入而非最终产出，用于生产其他产品或服务。Aslesen 和 Isaksen（2007）、Lundquist 等（2008）认为，生产性服务业与知识密集型服务业存在一定的概念重叠，但生产性服务业应该包括范围更广泛的、更简单的生产服务。

在国内，钟韵和闫小培（2005）认为，生产性服务业是为生产、商务活动和政府管理提供而非直接向有消费性服务需求的个体提供的服务。他们还认为，生产性服务业是促进技术进步、提高生产效率、保障工农业生产活动有序进行的服务行业。程大中（2006）认为，生产性服务业是与制造业直接相关的配套服务业，是从制造业内部生产服务部门独立发展起来的新兴产业，本身并不向消费者提供直接的、独立的服务效用。于斌斌（2016）认为，生产性服务存在于制造业生产的每个环节，并且是每个环节之间的"润滑剂"。曾艺和韩峰（2022）认为，生产性服务业属于典型的知识密集与技术密集型产业。陈丽娴（2023）认为，生产性服务业是满足其他产业中间投入需求的产业。

2.3.2 生产性服务业高质量发展研究

冯泰文（2009）研究发现，生产性服务业的发展对制造业效率有显著的正面影响，这意味着伴随生产性服务业的壮大，制造业的生产效率得到了提升。陈艳莹和黄鼒（2011）认为，生产性服务业的效率提升对促进地区经济增长具有重要意义，尤其是在人力资本投入方面。盛丰（2014）通过空间计量分析，研究了生产性服务业集聚与制造业升级的机制和经验，指出生产性服务业的发展对制造业的促进作用具有地域差异性。凌永辉等（2017）讨论了发达国家生产性服务业的发展经验，提出生产性服务业领域广、行业多、标准化程度低，发达国家的发展过程中既重视管制又重视政府产业政策的引导。宋大强（2021）进一步从城市发展的视角给出了结论，生产性服务业的发展能够加快产业协同融合，推动制造业产品出口竞争力提升。

2.3.3 生产性服务业高质量发展测度相关研究

目前，有关生产性服务业高质量发展指标体系的研究尚处在初级阶段，关于此方面的研究较少。因此，本部分整理了关于服务业高质量发展测度的相关文献。

鲁朝云和刘国炳（2019）从投入效率和产出质量两个视角出发，采用层次分析法和德尔菲法确定指标权重，构建了包括产业规模、技术结构、组织绩效、产品结构、开放程度、生态文明六个维度的指标体系，进而对广州现代服务业高质量发展进行了实证分析，并揭示了其发展现状及存在的问题。崔宏桥等（2022）采用了结构优化、创新驱动、协调融合、规模效益四大指标构建体系，对我国部分省、直辖市服务业高质量发展情况进行测度，认为若要全面推进我国服务业高质量发展，则需大力实施创新驱动发展战略，加快产业结构升级，促进区域协调发展。李燕萍和李乐（2022）从规模增长、结构优化、创新驱动、协调发展和对外开放五个维度构建了人力资源服务业高质量发展评价指标体系，采用熵权 Topsis 法测算了 2012~2020 年中国人力资源服务业高质量发展水平，研究发现，中国人力资源服务业高质量发展水平整体呈增长趋势，并实现了"高耦合—优质协调"的互动格局。

此外，有大量学者基于新发展理念构建了服务业高质量发展评价指标体系。胡观景和李启华（2020）从产业层面构建了服务业高质量发展评价指标体系，并对 2011~2019 年中部六省服务业高质量发展水平进行了测度和评价，该指标体系包含结构高质量、效益高质量、规模高质量、品牌高质量等多个维度。赵瑞和申玉铭（2020）从"规模—结构—效益"三个维度，对黄河流域城市的服务业高质量发展水平进行测度。汤婧和夏杰长（2020）从"开放与安全、协调、可持续、创新、竞争力"五个方面，评价了我国服务贸易的高质量发展，并通过国际视角对服务贸易发展的评价指标进行了对比分析，揭示了中国现有服务贸易数据统计和评价指标中存在的问题。李籽墨和余国新（2023）使用超效率 SBM 模型，对 2006~2018 年中国生产性服务业高质量发展水平进行了测度，发现中国生产性服务业高质量发展水平在空间分布上存在显著的区域差异且发展呈现一定

的阶段性特征。

2.3.4　生产性服务业与产业转型实证分析方法相关研究

我国正处于跨越经济发展方式转变、经济结构优化和增长动力转换阶段的重要关口，迫切需要建设现代化经济体系，而建设现代化经济体系需要产业结构转型升级（郭俊华等，2018），它是指通过将劳动力从生产较低附加值产品的部门转移到较高的部门来提高平均生产率（张永恒和王家庭，2019）。有研究者通过重新定义泰尔指数（干春晖等，2011）、构造产业结构升级指标（徐敏和姜勇，2015）、建立半参数回归模型（李研，2021）和向量自回归模型（张永恒和王家庭，2019）等方法对我国产业结构升级和经济增长之间的关系进行分析。产业结构转型升级必须遵循改善要素配置效率和提高生产率的基本原则（刘志彪和陈柳，2014）。学术界关于我国整体产业结构转型升级的测度问题，已有丰富的研究成果，但关于服务业产业结构升级的路径问题并没有一致的结论。李翔和邓峰（2018）通过构建空间计量模型和面板门限模型，对全国 2005~2015 年 30 个省级行政单位宏观经济数据进行研究，发现产业结构的服务化倾向对经济增长有显著的阻碍作用。我国服务业内部的发展存在总体滞后、过于依赖生活性服务业等问题，生产性服务业发展落后已成为产业结构调整与优化的主要制约因素（裴长洪，2010）。应推进以服务业为主导的经济转型，形成服务业主导的经济新格局（迟福林，2015），进一步夯实服务业发展的基础，推动供给侧结构性改革和需求侧协同有机结合，并以监管方式创新应对不断涌现的服务新业态，持续推动服务业更高水平对外开放（夏杰长，2019）。数字经济的背景下，数字技术的发展将促进服务业的发展（王智毓等，2024）。

服务业空间集聚的综合测度方法具有多尺度、多视角的丰富内涵。基于二阶段嵌套 Theil 系数分解方法对不同尺度城市生产性服务业发展的空间差异特征进行探讨（申玉铭等，2007），在此基础上运用空间基尼系数、赫芬代尔系数和 EG 指数测度城市生产性服务业空间集聚程度（李文秀和谭立文，2008）。关于服务业空间集聚问题集中在以下三个方面：一是探讨服务业的空间组织方式与模式、等级规模结构及空间结构优化问题（周少华，2012）；二是从产业发展的时间角度，透视服务业的空间集聚水平变化，研究其集中、扩散、传递的规律和特征（郑长娟，2015）；三是分析服务业空间关联特征（申玉铭等，2007）、动力机制（方远平等，2014）或影响因素，如经济发展因素、信息技术水平、社会文化因素、创新环境因素、人力资源丰度等（盛龙和陆根尧，2013；赵爽，2021）。与此同时，关于服务业空间集聚的实证研究方法也在不断完善，不仅基于面状空间数据的产业空间集聚测度方法被广泛应用，以企业数据为基础的研究也备受关注（李佳洺和王姣娥，2024）。

2.3.5　生产性服务业影响因素研究

还有部分学者探究了影响生产性服务业发展的影响因素。Acs 和 Varga（2005）认为，政策环境对生产性服务业的发展起到了关键作用。税收优惠、资金支持、市场准入等政策措施，能够降低企业的运营成本，激励企业创新和发展。人力资源是生产性服务业发展的核心要素。高素质的劳动力能够提供更高质量的服务，推动服务业务的创新和升级（Liu & Li，2010）。同时，人才的流动性也促进了知识和技能的交流，有助于服务业的整体水平提升。胡国平等（2012）研究发现，制度因素才是我国生产性服务业发展的主导因素，我国应当优化外部环境，坚持对外开放。喻胜华等（2020）利用我国 30 个省份 10 年的数据分析发现，对外直接投资能够显著促进我国生产性服务业的发展，此外，城镇化率、产权保护、人力资本及国内研发水平对我国生产性服务业的发展均有正向作用。戴鹏和吴杰（2022）通过建立面板回归模型进行分析，发现信息化水平、人力资本投入水平、科技投入水平均对生产性服务业的发展具有正向效应，而城镇化水平对生产性服务业发展水平提升具有负面影响。宗建强（2023）发现，数字经济的发展能够优化生产性服务业的结构，提高生产性服务业与制造业的协同集聚水平及生产性服务业的创新水平。

2.4　要素配置与产业转型相关研究

2.4.1　要素配置与产业转型的关联性

要素配置与产业转型有着密切的关联性。1940 年，克拉克在《经济进行的条件》一书中对产业进行了分类，总结出了劳动力要素的转移规律和产业结构变迁的一般趋势：在各部门存在收入弹性不同的情况下，随着经济发展的部门收入弹性的变化，劳动力将依据部门不同的收入弹性进行转移，转移首先发生在第一产业与第二产业之间，进而在非农业部门之间；而产业结构也将由以第一、第二产业比重为主的特征向以第二、第三产业比重为主的特征转化，这是对资源在部门间配置与产业结构非均衡变迁关系的早期理论探索。

二元经济论认为，经济中存在农业部门和工业部门两个生产部门，其中农业部门的边际劳动生产率较低，并且由其决定了较低的工资水平，当工业部门吸纳农业部门的转移劳动力时，能够以远低于工业部门边际劳动生产率的农村剩余劳动力供给价格来获得飞速发展。但随着经济发展和累积效应增加，农业部门与工业部门的边际劳动生产率呈相反趋势变化，其中前者逐渐上升，后者逐渐下降，二者的边际劳动生产率差异逐渐趋近一致，两部门的工资水平也逐渐趋同，这时，二元经济带来的劳动力的部门转移将停止，要素配置达到最优水平。

库兹涅茨于 1952 年提出，在经济发展的过程中，资源会不断地从生产效率较低的部门流向生产效率较高的部门，遵循从农业部门向非农业部门流入、再从第二产业流向第三产业的配置规律，资源重新配置也意味着产出效率的提升。这个过程同时改变了资源流出部门与流入部门的产出水平，促进了产业结构的变迁，使产业结构得以优化。产业结构的优化升级，对经济科学可持续发展必不可少。

钱纳里等[1]建立了多国模型，将工业发展分为三个阶段，并认为工业化发展阶段的推进需要产业结构的调整，而产业结构的变迁深受投资率等因素变动的影响。Baily 等（1992）通过实证研究发现，美国 20 世纪 70 年代和 80 年代制造业 50% 的生产率增长都可以归功于资源在不同生产领域间的再配置，即资源从生产效率低的行业转移到生产效率高的行业。Ngai 和 Pissarides（2007）认为，各产业要素配置的密集度不同，其资源的产出弹性也不同，如资本深化使资本密集型产业生产成本降低，资本的流入通常伴随一定程度的技术进步，因此资源在各部门配置的密度影响着部门资源的产出效率，改变部门的产出水平和整体的产业结构。因此，产业结构变迁的过程也是资源在产业间动态配置的过程，具有共时性和因果性的关联。Foster 等（2008）认为，资源再配置带来的生产率提高也发生在资源从处于衰退期的行业进入新兴行业中。袁富华（2012）在针对发展中国家的产业结构变迁的研究中提出，由于服务业的生产效率相对较低，如果在产业结构变迁的过程中，服务业部门的要素配置比例增加过快及服务业部门的过快扩张，将阻碍整体经济的生产效率提升，使之滞后于产业结构升级，这种情况下的产业结构演进则是无效率的。Aoki（2012）对要素错配的研究是通过产业结构的传导机制进行的，最终落脚于 TFP 水平的差异。在其构建的多部门均衡模型中，要素错配通过从价税的形式得以呈现，部门间的相对要素错配变动是由部门间税收形成的资源价格摩擦造成的。任韬和王文举（2014）建立了我国三次产业的资源优化配置模型，给出了三次产业间资本和劳动力要素最优配置均衡的必要条件，并测算了在产出和资本投入给定的情况下三次产业劳动力资源最优配置量及实际与最优配置偏差。韩剑和郑秋玲（2014）认为，影响要素错配的政府干预因素包括财政补贴、金融抑制、行政性市场进入壁垒，这些政府干预性因素是我国工业的行业间、行业内要素错配的重要来源。王鹏和尤济红（2015）探讨了 1978~2013 年三次产业结构调整中的要素配置效率，并经过对三次产业行业统计方法的调整，对"结构红利假说"进行了再检验。研究发现：总体上，我国的经济效率增长中存在显著的"结构红利"，但资本的结构红利相对较弱。由此看

---

① H. 钱纳里，S. 鲁宾逊，M. 赛尔奎因. 工业化和经济增长的比较研究 [M]. 吴奇，等译，上海：上海人民出版社，1995.

来，要素错配使产业结构不能按照效率原则进行合理化变迁，并且使产业结构演进缺乏效率基础，造成产业结构失衡及效率损失。靳来群（2015）在异质性企业垄断竞争模型基础上，不仅证明和测算了所有制差异导致的要素错配对 TFP 效率损失的影响，也说明了行政垄断能够造成要素错配。王宋涛等（2016）根据中国工业企业数据，构建了要素市场分割指数，通过实证研究发现，由于户籍制度、农村土地产权制度等的存在，要素市场出现分割，增加了资源流动的成本，从而影响了资源的有效配置。柏培文（2016）在参考了袁志刚和解栋栋（2012）研究的基础上，分析了我国产业劳动力配置扭曲的现状及原因，认为劳动力市场扭曲是由工资差异导致的，进而影响到劳动力配置的扭曲。杨志才和柏培文（2019）分析了中国二元经济结构等制度性因素显著提高了劳动力、资本要素的错配程度，外商直接投资和二产占比对劳动力、资本错配有相互加强的作用，但外商直接投资和三产占比对劳动力、资本错配存在相互削弱的关系。

2.4.2 要素配置对产业转型影响的区域与行业视角

部分学者从区域和行业视角探讨存在资源错配对产业结构的影响，他们认为，扭曲的政策及资源配置制度会导致生产资源在企业及行业之间存在错配，这种"资源错配"会影响区域性或国家 TFP 的提升（Banerjee & Moll, 2010; Bartelsman et al. , 2013）。Ciccone 和 Paoaioannou（2009）、Jones 和 Romer（2010）认为，人力资本的扩张能够促进技术创新，进而推动产业结构升级。究其原因主要在于人力资本的错配不仅会抑制 TFP 的提高，也会使区域经济增长达不到最优路线，甚至使中等收入国家陷入静态比较优势的困境（Teixeira & Queirós, 2016）。部分国内学者认为，我国目前主要面临资本和人力资源与新型产业结构难以匹配的问题，因而造成资源配置的效率低下且资源错配问题日益严重（靳卫东, 2010; 李静和楠玉, 2019）。陈林和夏俊（2015）提出，目前中国人力资本的扩张对创新总产出具有正向促进作用，但是对创新效率和 TFP 却产生负向冲击，其原因在于人力资本的错配。蔡玉蓉和汪慧玲（2018）认为，技术创新通过空间的扩散效应可以引起产业结构的调整，进而促进产业结构升级。纪雯雯和赖德胜（2019）、李静和楠玉（2019）进一步探讨了由政府的刚性权力外生驱动的适应性措施，这种人力资本扩张并不会调整产业结构，反而会导致人力资本在垄断部门和竞争部门等部门之间错配，会对技术创新和 TFP 产生抵制作用，最终阻碍产业结构升级。秦炳涛等（2020）认为，GDP 高的地区一般会出现资本配置过度、劳动力配置不足的情况；GDP 低的地区会出现劳动力配置过度、资本配置不足的情况。姜辉等（2020）探讨了金融配置对产业结构的影响，提出金融资源配置会产生资本形成机制、要素导向机制和技术创新机制，有效的金融资源配置是通过改变产业积累和推动创新促进产业结构优化升级。廖常文和张治栋（2020）利用 258 个地级市面板数据研究了经济增长、产业结构与资源错配之间的影响机制，认为经济增长稳定、产业结构升级能显著减少资源错配，该影响在东、中、西部地区存在差异。孙天睿和张向荣（2021）在结合环境污染的研究中指出，金融资源错配、产业结构呈现明显的空间自相关性。李勇和马芬芬（2021）的研究表明，人力资本错配对产业结构升级有抑制作用，人力资本错配通过抑制技术创新能力导致产业结构偏离，扩大了垄断部门和竞争部门的差距，最终阻碍了产业结构升级。孙雪梅和腾达（2021）运用我国省域面板数据进行资源配置对产业结构的影响研究，结果表明，资源配置扭曲程度越高，对产业结构升级的阻碍就越大，而且该阻碍效应存在显著的区域异质性，中、西部地区的资源配置扭曲的反向效应比东部地区更为严重。

还有一部分学者从微观视角进行研究。张庆君（2015）利用中国工业企业数据库的企业微观数据研究发现，我国工业企业间存在明显的资源错配问题，资源错配的修正和改善可以显著提高工业企业的总产出。李旭超等（2017）从微观的角度，研究了资源错配与中国企业规模之间的关系，发现资源的错配会破坏企业规模与生产率的对应关系，同时会削弱相关产业政策的有效性。

2.4.3 创新要素配置对产业转型的影响

部分学者探讨了创新要素配置对产业转型的影响。王聪等（2017）提出，各地需明确功能定位，北京在研发阶段具有科技资源配置优势，可以打造科技创新中心；天津则可加强与京冀地区合作，充分发挥转化阶段的资源配置效率优势；河北科技资源配置效率低，应全方位拓展与北京、天津地区合作的广度和深度，加快产业转型升级与发展，从而实现错位与融合发展，优化京津冀地区之间的科技资源配置。黄蕊和金晓彤（2018）基于后发优势理论角度，提出优化落后地区创新资源配置模式的可行路径，在宏观层面构建跳跃式梯度转移机制，以使技术创新向落后地区辐射；在中观层面构建产业关联式梯度转移机制，以促进创新资源流动；在政策层面构建基于创新资源贡献度的补偿机制，以有据可依地制定科技扶持政策，从而释放落后地区的后发优势潜能，缓解我国区域经济发展不平衡的现状。尹夏楠等（2022）用金融资源分配导向和创新成果效益导向两个维度的科技资源配置效率，构建四分位象限图，并分析各省份资源配置效率差异及原因，提出应重视科技成果转移转化任务，强化政府顶层设计以引导资源配置，搭建资源开放与共享平台以增强知识外溢，打破省域之间经济发展壁垒，优化整体科技资源配置等对策建议。戴显红和侯强（2020）在供给侧结构性改革视野下，研究了区域科技创新资源的优化配置问题，科技创新资源的供给侧结构性改革，是从供给侧入手针对科技创新资源存在的结构性问题而推进的改革，必须发挥市场配置资源的主体性作用，从源头上增强区域创新的供给，构建高效的科技创新供给体系，同时加强创新链与产业链、资金链之间的对接，加快培育和发展战略性新兴科技产业，建设好科技成果向现实生产力转变的载体。赵静（2020）以皖北地区不断优化的创新创业环境和不断投入的科技资源为背景，提出有必要优化共享渠道，搭建产学研联盟以促进整合科技资源，构建科技资源交易体系以推动科技服务市场化，从而优化皖北地区科技资源配置，促进区域协调发展。

2.5　文献述评

综上所述，关于要素配置和产业转型升级的研究主要存在以下不足。

要素错配的国内外相关研究存在不足之处：第一，上述研究中更多的是将错配从研究之初就假设为存在，将要素错配的测度归结为对 TFP 的影响测算，忽略了错配本身的准确测度；第二，要素错配理论研究更多地侧重一个国家，而对具有代表性特征的典型区域要素配置问题研究较少；第三，创新驱动力对一个国家或地区的经济增长是至关重要的，不仅需要有资本、劳动力在产业之间的配置研究，还要有分区域和分行业的研究，但现有研究角度存在局限性；第四，现有研究没有回答目前的"错配"是不是真正的"错配"，并未涉及对产业结构的影响程度及这种"错配"修正后的效果。

产业转型升级的国内外相关研究存在不足之处：第一，由于各地区的发展基础不同，对产业转型的研究还需要结合地区实际的经济发展水平和阶段进一步深入。第二，关于产业结构发展水平的测度，该测度思路和方法对衡量产业结构发展水平具有很大的借鉴意义，但仍有改进空间，如在经济高质量发展阶段，产业转型升级应更加注重产业质量和效率的提升，而不仅仅是产业份额的转移，如何运用产业结构合理化和高级化测度指标进一步分析并优化计算结果值得思考。另外，产业结构合理化和高级化的主要测度指标是将总体平均水平作为参考值，测度各产业相对总体平均的偏离程度，这表现为就产业而测产业的结果，没有将产业发展过程中的要素配置问题结合起来进行研究，在产业发展和转型方面缺少着力点。第三，产业转型研究更多地聚焦产业结构的时空演变过程，但产业结构升级本身不仅体现为三次产业主导地位更替，也体现在三次产业内部的结构升级，对行业的研究更为重要。产业结构优化表现为高度化和合理化两个方面，二者理论上是一体的，但现有文献大多将二者分开研究，从而缺乏一个统一的产业结构发展水平测度指标。

作为最有代表性的资源型省份，山西省的要素错配问题已受到学者的广泛关注。经济转型的关键之一是调结构，山西省当前的要素错配与失衡的产业结构对经济增长的扭曲程度到底有多大，就意味着未来经济增长的潜力有多大。山西省还存在大量潜在的资源红利，在经济转型的关键时期，研究产业结构调整过程中要素资源的错配问题显得尤为重要。本书将在前人对劳动力、资本配置研究思路的基础上，探讨山西省要素资源在产业结构调整过程中的错配问题，给出目前山西省要素错配的真实状况，以及对这种错配的修正机制和路径，挖掘山西省经济的增长潜力，以期更好地提高要素配置的效率、促进产业结构的优化升级。

3 要素配置与产业转型相关理论

本章的要素配置理论模型设定参考 Hsieh 和 Klenow（2009）的资源错配理论框架，从柯布—道格拉斯生产函数出发，建立了经济系统中三次产业的要素配置模型。

3.1 要素错配理论

假设各产业的生产函数符合柯布—道格拉斯生产函数，即

$$Y_i = A_i K_i^{\alpha_i} L_i^{\beta_i} \tag{3.1}$$

式中：Y_i 为 i 产业的产出；K_i 为 i 产业的资本投入量；α_i 为 i 产业的资本产出弹性；L_i 为 i 产业的劳动力投入量；β_i 为 i 产业的劳动力产出弹性。假设本章中生产函数的规模报酬不变，即 $\alpha_i + \beta_i = 1$。由于市场的不完全性，使要素价格在市场上存在扭曲，假定各要素无扭曲价格水平均分别为 P_k、P_l，存在价格扭曲时，资本的要素价格为 $(1+\eta_{k_i})P_k$，劳动力的要素价格为 $(1+\eta_{l_i})P_l$。

假定产业内各个企业的生产函数同质，在利润最大化的目标下进行生产活动，即

$$\max_{l_i, k_i}\left[Y_i P_i - (1+\eta_{k_i})P_k K_i - (1+\eta_{l_i})P_l L_i \right] \tag{3.2}$$

式中：P_i 为 i 产业的产品价格。一阶求导最优化可得

$$\alpha_i P_i Y_i / K_i = (1+\eta_{k_i})P_k$$

$$\beta_i P_i Y_i / L_i = (1+\eta_{l_i})P_l \tag{3.3}$$

整个经济体总产出 Y 由 N 个产业组成，即

$$\sum_{i=1}^{N} P_i Y_i = Y \tag{3.4}$$

由于社会总资源的有限性，假定资源的总量是外生给定的，则存在资源约束：

$$\sum_{i=1}^{N} K_i = K, \quad \sum_{i=1}^{N} L_i = L \tag{3.5}$$

将式（3.3）代入式（3.5），可得到资源配置存在错配的情况下，K_i、L_i 的值分别为

$$K_i = \alpha_i P_i Y_i / \left[(1+\eta_{k_i}) P_k \right] = \frac{\dfrac{\alpha_i P_i Y_i}{(1+\eta_{k_i}) P_k}}{\sum \dfrac{\alpha_i P_i Y_i}{(1+\eta_{k_i}) P_k}} K$$

$$L_i = \beta_i P_i Y_i / \left[(1+\eta_{L_i}) P_l \right] = \frac{\dfrac{\beta_i P_i Y}{(1+\eta_{L_i}) P_l}}{\sum \dfrac{\beta_i P_i Y}{(1+\eta_{L_i}) P_l}} L \tag{3.6}$$

各资源的绝对扭曲系数以外生扭曲的从价税的形式来表现，则各资源的绝对扭曲系数分别为

$$\gamma_{k_i} = \frac{1}{1+\eta_{k_i}}, \quad \gamma_{L_i} = \frac{1}{1+\eta_{l_i}} \tag{3.7}$$

在均衡的条件下，第 i 产业的产出在整个经济体产出中的份额为 $S_i = P_i Y_i / Y$，通过加权的方式可以得到资本资源和劳动力资源对经济总体的产出贡献率分别为

$$\beta = \sum_{i=1}^{N} S_i \beta_i, \quad \alpha = \sum_{i=1}^{N} S_i \alpha_i \tag{3.8}$$

进而定义在三次产业中资本资源和劳动力资源的相对扭曲系数分别为

$$\lambda_{k_i} = \frac{\gamma_{K_i}}{\sum\limits_{i=1}^{N} \dfrac{S_i \alpha_i}{\alpha}}, \quad \lambda_{L_i} = \frac{\gamma_{L_i}}{\sum\limits_{i=1}^{N} \dfrac{S_i \beta_i}{\beta}} \tag{3.9}$$

当要素价格相对扭曲系数大于 1 时，说明该产业能够以较低的成本配置要素

资源，这就导致其倾向配置更多成本较低的要素资源，不仅会造成对其他生产要素的挤出，同时也会挤占其他产业配置该要素的空间。例如，若资本价格在产业 i 偏低，则其会使用更多的资本替代劳动力进行生产，资本要素配置比例高于其他产业；当要素价格相对扭曲系数小于 1 时，表示产业 i 的要素配置成本相对平均水平较高，在利益最大化的目标下，该产业将减少该要素在生产过程中的配置比例。而关于表示产业间资源错配情况的主要是要素价格的相对扭曲系数。要素价格绝对扭曲系数无法反映资源在产业间的错配程度，其原因在于：首先是要素价格绝对无扭曲的不可测度性，这主要是由于实际数据无法测量假设的绝对条件；其次是绝对扭曲的不可比，假设当各产业（行业）的要素价格绝对扭曲水平同时同比上升或同比下降时，那么绝对扭曲系数实质上是无变化的，无法引发资源的重新配置，也无法反映资源错配。将式（3.6）代入式（3.9）可得

$$K_i = \frac{S_i \alpha_i}{\alpha} \lambda_{K_i}, \quad L_i = \frac{S_i \beta_i}{\beta} \lambda_{L_i} \tag{3.10}$$

整理可得产业 i 的资本资源和劳动力资源相对扭曲系数为

$$\lambda_{K_i} = \left(\frac{K_i}{K}\right) \Big/ \left(\frac{S_i \alpha_i}{\alpha}\right), \quad \lambda_{L_i} = \left(\frac{L_i}{L}\right) \Big/ \left(\frac{S_i \beta_i}{\beta}\right) \tag{3.11}$$

式中，分子为 i 产业中资本（劳动力）资源投入占经济总体资源的投入比重，分母为通过生产函数测算出的投入理论比重，二者的比值度量了 i 产业该资源的错配程度。若该比值大于 1，说明该要素在该产业中投入过量；若小于 1，说明投入不足。

根据式（3.11）推算存在资源错配时的生产函数为

$$Y_i = A_i \left(\frac{S_i \alpha_i}{\alpha} \lambda_{K_i} K\right)^{\alpha_i} \cdot \left(\frac{S_i \beta_i}{\beta} \lambda_{L_i} L\right)^{\beta_i} \tag{3.12}$$

对式（3.12）取对数可得

$$\ln Y_i = \ln A_i + \alpha_i \ln\left(\frac{S_i \alpha_i}{\alpha} \lambda_{K_i} K\right) + \beta_i \ln\left(\frac{S_i \beta_i}{\beta} \lambda_{L_i} L\right)$$

$$= \ln A_i + (\alpha_i \ln \lambda_{K_i} + \beta_i \ln \lambda_{L_i}) + (\alpha_i \ln K + \beta_i \ln L) + \left[\ln\left(\frac{S_i \alpha_i}{\alpha}\right)^{\alpha_i} + \ln\left(\frac{S_i \beta_i}{\beta}\right)^{\beta_i}\right] \tag{3.13}$$

如式（3.13）所示，可以将第 i 产业的产出对数 $\ln Y_i$ 分解为四个部分：右端

第一项 $\ln A_i$ 表明了产出水平与部门自身 TFP 的关系，可看成单纯的技术效应对产出的影响；第二项 $(\alpha_i\ln\lambda_{K_i}+\beta_i\ln\lambda_{L_i})$ 表明了产出与生产要素价格扭曲下的资源错配相关；第三项 $(\alpha_i\ln K+\beta_i\ln L)$ 表明了产出与单纯的生产要素投入量相关；第四项 $\left[\ln\left(\dfrac{S_i\alpha_i}{\alpha}\right)^{\alpha_i}+\ln\left(\dfrac{S_i\beta_i}{\beta}\right)^{\beta_i}\right]$ 表明了产出与部门间生产要素产出份额相关。其中，第二项与第四项是形成资源错配的两大原因。因此，产出水平不仅受技术水平和要素投入数量的影响，还受资源错配的影响。

有关产出变动的分解，不少学者对其进行了研究，本章借鉴陈永伟等（2011）对 Syrquin（1986）做出的产出变动的分解，将产出的变动划分为劳动力和资本资源投入份额的变动、各产业自身的 TFP 变动、由资源错配引起的扭曲变动和份额变动四个因素，其中后三个因素共同构成了全要素生产率的变动（TFPG），令 $\Delta\ln Y_t=\ln Y_{t+1}-\ln Y_t$，由此，总产出的变动为

$$\Delta\ln Y_t = \sum_{i=1}^{N} S_{it}\Delta\ln Y_{it} \tag{3.14}$$

根据式（3.13）对产出的变动进行分解，将 α_i、β_i 作为常数，变动份额 S_i 作为与时间 t 有关的参数，因此，α、β、λ_{K_i}、λ_{L_i} 均与时间 t 有关，可以将总产出的变动进一步分解为

$$\Delta\ln Y_t = \sum_{i=1}^{N} S_{it}\Delta\ln A_{it} + \sum_{i=1}^{N} S_{it}\ln\left\{\frac{S_{i,\,t+1}}{S_{i,\,t}}\middle/\left[\left(\frac{\alpha_{t+1}}{\alpha_t}\right)^{\alpha_i}\cdot\left(\frac{\beta_{t+1}}{\beta_t}\right)^{\beta_i}\right]\right\}$$

$$+ \sum_{i=1}^{N} S_{it}(\alpha_i\Delta\ln K_t + \beta_i\Delta\ln L_t) + \sum_{i=1}^{N} S_{it}(\alpha_i\Delta\ln\lambda_{K_{it}} + \beta_i\Delta\ln\lambda_{L_{it}}) \tag{3.15}$$

如式（3.15）所示，等式右边第一项表示各产业的全要素生产率改进，体现了单纯技术进步变动带来的影响。第二项反映了由资源在产业间重新配置产生的要素产出份额变动的贡献。第三项反映了由要素扭曲纠正带来的资源错配纠正的贡献。由于第二项、第三项都将影响资源配置的合理化和有效性，因此两项之和表示由资源配置错配纠正给产出增加带来的"配置效应"。第四项表示由产业劳动力和资本要素投入量改变所带来的影响。等式右侧前三项的和是 TFPG。

由于要素资源错配的存在，实际产出和有效产出间存在一定的差距，本章将实际产出与有效产出的比值定义为产出缺口，以此来表示要素资源错配造成的产

出损失程度为

$$e = \frac{Y_e - Y}{Y_e} = 1 - \frac{\sum_{i=1}^{N} S_i A_i \left(\frac{S_i \alpha_i}{\alpha} \lambda_{K_i} K\right)^{\alpha_i} \cdot \left(\frac{S_i \beta_i}{\beta} \lambda_{L_i} L\right)^{\beta_i}}{\sum_{i=1}^{N} S_i A_i \left(\frac{S_i \alpha_i}{\alpha} K\right)^{\alpha_i} \cdot \left(\frac{S_i \beta_i}{\beta} L\right)^{\beta_i}} \tag{3.16}$$

3.2　产业转型的相关理论

3.2.1　产业结构演变的一般规律

产业结构既是前期经济增长和发展的结果，也是后期经济增长和发展的基础，故研究产业发展问题首先要把握和考察的就是产业结构的演变规律。对于国民经济的产业演变过程而言，现有的一些产业结构演变规律主要是利用一些发达国家或准工业化国家的历史数据得到的，如配第—克拉克定理及在其基础上提出的库兹涅茨法则，分别阐述了随着人均收入的逐步提高，劳动力在三次产业中的结构变化和国民收入及劳动力在农业、工业和服务业各部门的结构变动。除上述对国民经济产业结构变动规律的整体考察外，钱纳里还对制造业内部结构变动进行了考察，按照人均国内生产总值，他将工业化过程划分为三个时期六个阶段，并且给出了产业发展的"标准结构"。此外，他还指出只有产业结构演变才能完成每一阶段向更高一级的阶段过渡。这些产业结构演变规律，主要是通过产业间就业、国民收入等比例关系分析产业结构的演变趋势和规律。基于现有的相关理论，若从主导产业及其内部变动的角度来看，产业结构演变总体上有如下两种演变规律：一是产业结构更替规律，二是产业结构升级规律。后者表现为产业结构合理化和高级化。

3.2.2　产业结构的更替规律

广义的工业化代表整个国民经济的发展进程，而非单一地指工业发展。因此，国民经济的产业结构变迁规律应该置于工业化进程的框架下。

在前工业化时期，产业的结构状态是第一产业占主导地位，第二产业有一定发展，第三产业地位微乎其微。在工业化初期，产业结构变迁表现为第一产业份额不断缩小；第二产业有较大发展，并占据主导地位，同时工业结构由以轻纺工业为主导转向以基础型重化工业为主导；第三产业有一定发展，但其份额仍然较小。在工业化中期，产业结构状态仍以第二产业为主导地位，但工业重心由原来的基础型重化工业转向高加工度工业；第三产业份额逐渐上升。在工业化后期，产业结构状态呈现第二产业份额持续下降；第三产业，特别是其中的信息产业快速发展，且其份额在国民经济中占有重要地位甚至优势地位。在后工业化时期，产业结构状态以第三产业为主导，同时产业知识化成为主要特征。

从横向来看，随着经济发展，产业结构向着第一产业、第二产业和第三产业分别占优势地位的方向演变；但从纵向来看，产业结构演变还有如下规律。

对于第一产业，产业结构由技术水平低下的传统农业向技术水平较高的现代化农业转变。对于第二产业，从产业的生产性质和产品用途来看，轻纺工业—基础型重化工业—加工型重化工业是其产业结构演变的主要方向；从产业的资源结构变动情况来看，劳动密集型—资本密集型—技术密集型是其产业结构演变的主要方向；从产业的市场导向变动情况来看，封闭型—进口替代型—出口导向型—市场全球化是其产业结构演变的主要方向。对于第三产业，产业结构由技术水平低下的传统服务业向技术水平较高的现代服务业转变。需要强调的是，虽然每个经济体的产业结构演变，从产业之间的横向更替和产业内部的纵向变迁规律来看，总体上是相似的，但是由于各国的国情不同，经济发展水平和阶段不同，其产业结构的调整方向或变迁还要根据经济体的实际发展水平和情况进行。

3.2.3 产业结构高度化理论

调整产业结构能够推动经济发展，主要是产业结构效应在起作用，而促进产业结构优化，能够使产业结构效应更好地发挥作用，从而更有效地推动经济不断向前发展。因此，产业结构优化是产业结构调整的目的，也是产业结构调整的结果。此外，产业结构优化从纵向来看，主要表现为产业结构由低级向高级的高度化过程；从横向来看，主要表现为产业间结构的合理化过程。

通过创新，并遵循产业结构状态从低水平向高水平的演变过程，称为产业结构高度化。其中，创新是产业结构高度化的动力，其对产业结构既有直接影响，也有间接影响。创新对产业结构的直接影响，取决于创新的方式，当创新带来的是新产品的开放或原有产品的提升，会导致该产业部门扩张；当创新带来的是原有产品生产效率的提升，会导致该产业部门收缩。创新对产业结构的间接影响主要有两种方式：①创新改变了生产要素的相对收益。例如，创新会改变劳动和资本的相对边际生产率，当资本的边际生产率提升加快时，就会导致资本替代劳动，从而使产业结构变动。②创新改变了生活条件和工作条件。例如，创新可能会创造出巨大的潜在需求，当需求结构发生较大变动时，必然会导致产业结构变动。

产业结构高度化是各个产业变动的综合结果，概括来讲，其运行机制是创新首先引起单个产业变动，而由于产业间的关联关系，最终引起整个产业结构的变化。这一连锁过程得以发生，主要是由于任何单个产业部门都会经历兴起、扩张、成熟、衰退的生命周期过程。创新一方面可能使新产品被开发，从而扩大对其的需求；另一方面可能使产品成本快速下降，从而引致产业快速扩张。需要指出的是，当产品价格已经降到临界点，即新的创新也很难再降低成本时，产业增长就会减缓。因此，在任何时点上，都会同时存在增长速度不同的产业，其中增长速度较快的产业部门产值比重大，并支撑经济增长，但随着时间的推移，由于新的创新与创新的扩散，原来增长较快的产业就会减速或被新的高增长产业所替代，因而产业结构高度化实际上是产业间优势地位更替的动态过程，但产业结构高度化的本质不仅是产业间份额的转移，更是产业间产出比例关系变迁的同时各产业劳动生产率得到提升；否则只能是"虚高度化"。

3.2.4　产业结构合理化理论

依靠产业间的技术经济联系，通过调整不协调的产业结构，从而使国民经济各产业间协调发展的动态过程，称为产业结构合理化。因此，产业结构合理化的本质是促进产业结构协调的动态过程。体现在生产技术方面，就是产业间技术经济联系的加强，即产业间关联水平提高的动态过程。从经济发展的总体提升效果来看，若产业结构实现了协调发展，资源就能在产业之间得到有效的配置和利用，从而使产业结构的整体能力（结构的聚合质量）增强，经济发展的总体效果提升，则与此相对应的产业结构更加合理；反之，则产业结构的整体能力较低，与之相对应的产业结构也会不合理。从经济发展的持续性来看，产业结构合理化是经济持续发展的必然要求，在一定发展阶段下，只有产业结构实现合理化，产业间的关联效应才能充分发挥，主导产业及其综合体的发展才能带动其他产业发展，进而推动整个国民经济持续发展。

综上所述，优化产业结构是促进经济发展的有效手段，只是由于在不同的发展阶段，经济发展的战略目标和发展理念不同，因而优化产业结构的方式和理念不同。新时代，我国处于转变发展方式、优化经济结构、转换增长动力的攻关期，迫切需要通过产业转型升级来优化产业结构，从而提升供给体系质量，推动经济高质量发展。因此，产业转型升级水平的测度方法和指标可以依据产业结构优化理论来构建，即在产业结构视角下，以产业结构高度化和合理化为框架，测度产业转型升级水平。

3.3　要素错配对产业转型的影响机制

新古典经济学理论认为，在完全竞争市场条件下要素是充分自由流动的，最终会实现最优配置，通过市场化配置，各主体之间的要素边际产出也会趋于一致。因此，当要素充分流动以实现最优配置时，各行业、各区域边际要素产出的差距也是收敛的，边际报酬递减将使各个经济体之间收入差距逐渐缩小，实现收入水平的趋同，但现实情况与完全竞争市场假设相距甚远。要想保证经济的可持续发展，单纯地依靠要素投入是不可行的，一方面需要依靠技术水平的提升，另一方面需要减少要素的错配。通过纠正行业间、地区间的要素价格扭曲，消除要素错配，更有效地利用各类要素，不仅能以较小的成本加快产业发展，还能提升经济效率，转变经济发展方式，具体来说，第一，减少要素错配有利于提升行业全要素生产率，进而增加实际产出，提升产出效率。各行业的快速发展必然伴随要素的大量投入，但各类要素在一定时间内又是有限的，因此要素的配置状况对生产率和产出增长速度两方面是存在显著影响的。在要素总量有限甚至不足的情况下，要素错配会严重妨碍产业的迭代升级，进而影响经济的高质量发展。在完全竞争市场中，各行业面临相同的要素价格，更高效的企业则会在市场中具有生产的成本优势，从而获得竞争优势，要素也会优先配置到这些企业，初始资源禀赋状态下形成的粗放型生产模式将被淘汰，整体经济也可健康持续发展。而要素错配最直接的后果就是阻碍了要素的流动，要素无法从边际产出更低的行业、企业流向更高效率的行业、企业，要素全局的配置效率会受到影响，进而降低经济整体产出效率。第二，要素错配会阻碍产业结构升级，而合理的产业变动将有助于经济的持续增长和环境效率的提升。一方面，要素错配会直接影响行业本身发展，使一部分行业无法获得充足的要素供给，而另一部分行业要素供给过剩，要素供给不足的产业自然发展受限，从而使整个产业结构调整的速度放缓；在要素供给过剩的地方由于要素廉价，相关产业过度扩张，对其他企业产生挤出效应，此消彼长必然不利于产业结构的调整。另一方面，要素错配会通过扩大收入差距，抑制产业结构升级。在要素市场中，资本要素的过度配置会有利于资本密集型产业的发展，由此导致经济体中生产的产品也是资本密集型的，并对劳动密集型产品形成替代，进而使对外贸易的商品结构发生改变，最终引发资本对劳动力的替代，扩大了资本所有者与劳动者的收入差距，进一步制约了消费结构升级，从而形成低端产业结构锁定。

3.4　本章小结

本章主要进行了要素配置和产业转型相关理论的梳理。一方面，本章参考 Hsieh 和 Klenow（2009）的资源错配理论框架，从柯布—道格拉斯生产函数出发，建立了经济系统中三次产业的生产要素资源配置模型，并在利润最大化的目标下推导出生产要素资源错配的扭曲系数理论公式，分解出形成要素资源错配的因素；通过利用全要素生产率的分解，可以看出生产要素资源错配对全要素生产率产生的影响。另一方面，本章结合经典的产业结构演变规律及相关理论，梳理了产业转型中产业结构变化的重要理论，在研究产业转型中，产业结构的变化是重要依据，同时本章给出了产业结构高度化和合理化的理论依据，梳理了要素错配对产业转型的影响机制，为后文的实证分析提供了理论基础。

4　生产要素配置整体测度

在测度山西省分区域、分产业的生产要素错配之前，本章尝试从横向比较山西省与全国其他地区的生产要素配置差距，受数据可获得性的限制，本章选用较为简单的 Lilien 指数初步测度全国各区域的生产要素整体配置状况，从而进一步了解山西省的经济发展状况。

4.1　Lilien 指数测度法

Lilien 在 1982 年构建了 Lilien 指数，它是一种重要的结构变化测度指数。该指数主要测量产业及产业之间的结构变化，通过将部门与产业之间的要素配置进行对比，测度各部门与产业之间的要素配置偏离程度。该指数测度的是 t 和 $t-1$ 两个时期要素在部门之间的增长率与区域之间的增长率的偏差。Lilien 指数有两个缺陷：一是不能保证相邻两个时期的要素配置结构变化与时间序列是不相关的；二是不能保证一个周期内的结构变化应该小于或等于两个周期内的变化。Muhammad 等（2014）针对上述缺陷提出了修正的 Lilien 指数。该指数的表达式为

$$\text{Lilien} = \text{SQRT}\left\{ \sum_{i=1}^{n} W_i \cdot \left[\ln(x_{irt}/x_{irt-1}) - \ln(X_{rt}/X_{rt-1}) \right]^2 \right\} \tag{4.1}$$

式中：W_i 为从 $t-1$ 到 t 时期各部门的就业人数/固定资产投资数占区域总就业/投资的平均份额；x_{irt} 为 t 时期区域 r 中部门 i 的就业人数/固定资产投资数；

X_{rt} 为 t 时期区域 r 的总就业人数/固定资产投资数；$\ln(x_{irt}/x_{irt-1})$ 为 t 时期区域 r 的 i 部门的就业/投资增长率；$\ln(X_{rt}/X_{rt-1})$ 为 t 时期区域 r 的就业/投资增长率。

　　修正的 Lilien 指数通过比较部门与产业间的要素配置，测度各部门与产业间要素分配的偏离程度来反映要素配置的效率。该指数取值越大，说明要素配置的偏离度越大，配置效率越低；该指数取值越小，说明要素配置的偏离度越小，配置效率越高。该指数的优点在于同时考虑了时间和空间的影响，既从时间上进行了对照分析，又从空间上进行了关联性分析，这是研究区域之间生产要素配置的一种非常有效的方法。

4.2　生产要素的 Lilien 指数测算

　　依据 Lilien 指数的公式组成，用就业人数代表劳动力，固定资产投资代表资本，分别用 Lilien 指数测度生产要素配置效率。在就业人数方面，由于缺少 2006 年福建和云南两个省份的数据，因此用发展速度来测算 2006 年和 2007 年的就业 Lilien 指数。此外，笔者把 1985 年作为基期，其 Lilien 指数用 jy_{1985} 表示，用 jy_{2005} 表示 2005 年的 Lilien 指数，1985~2005 年共 20 个时期，那么，平均速度为

$$\bar{v} = \sqrt[20]{jy_{2005}/jy_{1985}} \tag{4.2}$$

因此，2006 年的 Lilien 指数为

$$jy_{2006} = jy_{2005} \cdot \bar{v} \tag{4.3}$$

2007 年的 Lilien 指数为

$$jy_{2007} = jy_{2006} \cdot \bar{v} \tag{4.4}$$

　　在固定资产投资方面，2012 年贵州的数据缺失，取 2011 年和 2013 年相关数值的平均数来补全；2016 年海南的数据缺失，取 2014 年和 2015 年相关数值的平均数来补全。自 2018 年起，由于官方并未公布各产业具体固定资产投资，故根据各省份统计年鉴公布的增长率，以 2017 年为起始年份计算 2018~2022 年的各产业固定资产投资。此外，由于西藏地区数据缺失较多，并且港澳台地区的数据未获得，此处予以剔除。

从表 4-1 可以看出，大部分地区的劳动力配置情况在逐年改善，但也有个别省份发展趋势不容乐观，劳动力配置效率逐渐降低。值得关注的是，部分年份存在极端值，如天津 2010 年的就业人数低于 2009 年，内蒙古 2015 年的就业人数低于 2014 年，河北、山西、辽宁等省份 2022 年的就业人数低于 2021 年，这可能导致劳动力配置的 Lilien 指数异常。对比可知，山西的劳动力错配程度在 2022 年偏高。

表 4-1　全国部分年份劳动力配置的 Lilien 指数

序号	地区	2001 年	2010 年	2015 年	2022 年	序号	地区	2001 年	2010 年	2015 年	2022 年
1	北京	0.0184	0.0155	0.0146	0.0108	16	河南	0.0195	0.0320	0.0388	0.0775
2	天津	0.0434	0.1625	0.0731	0.0064	17	湖北	0.0077	0.0725	0.0424	0.0404
3	河北	0.0079	0.0071	0.0097	0.0381	18	湖南	0.0126	0.0264	0.0071	0.0085
4	山西	0.0090	0.0044	0.0027	0.0172	19	广东	0.0286	0.0354	0.0148	0.0077
5	内蒙古	0.0207	0.0152	0.0349	0.0505	20	广西	0.0096	0.0244	0.0541	0.0231
6	辽宁	0.0374	0.0111	0.0430	0.0550	21	海南	0.0204	0.0214	0.0268	0.0333
7	吉林	0.0176	0.0151	0.0418	0.0725	22	重庆	0.0425	0.0414	0.0421	0.0411
8	黑龙江	0.0097	0.0648	0.0226	0.0486	23	四川	0.0166	0.0180	0.0191	0.0465
9	上海	0.0346	0.0578	0.0244	0.0213	24	贵州	0.0206	0.0417	0.0350	0.0868
10	江苏	0.0304	0.0334	0.0253	0.0088	25	云南	0.0132	0.0382	0.0081	0.0405
11	浙江	0.0468	0.0620	0.0351	0.0032	26	陕西	0.0049	0.0586	0.0693	0.0483
12	安徽	0.0222	0.0574	0.0144	0.0186	27	甘肃	0.0181	0.0296	0.0225	0.4069
13	福建	0.0212	0.0362	0.0427	0.0015	28	青海	0.0293	0.0206	0.0173	0.9467
14	江西	0.0190	0.0178	0.0160	0.0137	29	宁夏	0.0288	0.0154	0.0454	0.3111
15	山东	0.0151	0.0240	0.0223	0.0005	30	新疆	0.0305	0.0039	0.0439	0.6636

从表 4-2 可以看出，我国资本配置的 Lilien 指数普遍偏高，说明总体的资本配置情况不合理，部分地区发展不稳定，并且存在两极分化的现象，区域之间的资本分配方式需要调整和优化。山西省的资本错配程度相对于劳动力错配程度要严重。

表4-2 部分年份固定资产投资的 Lilien 指数

序号	地区	2001 年	2010 年	2015 年	2022 年	序号	地区	2001 年	2010 年	2015 年	2022 年
1	北京	0.0223	0.0073	0.0042	0.0040	16	河南	0.0018	0.0152	0.0061	0.0058
2	天津	0.3063	0.0372	0.0037	0.0025	17	湖北	0.0141	0.0340	0.0068	0.0201
3	河北	0.0158	0.0106	0.0094	0.0068	18	湖南	0.0015	0.0721	0.0121	0.0126
4	山西	0.0064	0.0164	0.0131	0.0032	19	广东	0.0057	0.0089	0.0132	0.0052
5	内蒙古	0.0270	0.0131	0.0202	0.0969	20	广西	7.4296	0.0531	0.0158	0.0355
6	辽宁	0.0056	0.0304	0.0460	0.0013	21	海南	0.0057	0.0208	0.0137	0.0133
7	吉林	0.0246	0.0672	0.0065	0.0314	22	重庆	0.0017	0.0217	0.0107	0.0039
8	黑龙江	0.0032	0.0542	0.0020	0.0107	23	四川	0.0661	0.0044	0.0023	0.0016
9	上海	0.0041	0.0003	0.0101	0.0017	24	贵州	0.0247	0.0149	0.0070	0.0088
10	江苏	0.0019	0.0084	0.0073	0.0049	25	云南	0.0080	0.0086	0.0056	0.0351
11	浙江	0.0036	0.0042	0.0039	0.0100	26	陕西	0.0408	0.0110	0.0037	0.0017
12	安徽	0.0508	0.0564	0.0097	0.0227	27	甘肃	0.0141	0.0394	0.0212	0.0617
13	福建	0.0333	0.0139	0.0039	0.0097	28	青海	0.1430	0.0211	0.0083	0.0448
14	江西	0.0033	0.0098	0.0083	0.0028	29	宁夏	0.0180	0.0308	0.0155	0.0294
15	山东	0.0042	0.0171	0.0080	0.0064	30	新疆	0.0106	0.0304	0.0032	0.0477

表4-1、表4-2 中的 Lilien 指数显示，我国的就业和固定资产投资存在区域差异，东部地区的生产要素配置效率普遍较高；中部地区的效果略低于东部地区，但是差距不大；相对来说，西部地区劳动力配置和固定资产投资的 Lilien 指数偏高，即劳动力和资本错配程度较高。

4.3 要素配置 Lilien 指数的空间分布特征

本节利用对劳动力和资本要素的 Lilien 指数的测算，给出了全国各区域要素配置的空间分布特征。[1]

---

① 受篇幅所限，空间分布图不在书中展示，感兴趣的读者可联系笔者。

4.3.1 劳动力配置的空间分布

根据劳动力配置 Lilien 指数的测算结果可知，2001 年，就业率较高的地区主要集中在北方，分别为黑龙江、吉林、河北、北京、山西、陕西、湖北和甘肃。而失业率较高的地区有辽宁、新疆、天津、江苏、浙江、上海和重庆，包括我国经济发展较快的地区。到了 2010 年，劳动力配置效率高的地区发生了显著变化，除河北、山西和吉林不变外，其他的被新疆、辽宁、四川和江西取而代之，地区分布较为分散。失业率较高的则为黑龙江、天津、陕西、河南、湖北、重庆、贵州和云南。2015 年，就业形势又明显不同，河北、山西、安徽、江西和广东为就业率较高的地区，其中部分省份的失业率在前几年还处于较高的水平。而天津、河南、浙江和福建的就业率降低，与陕西、湖北和新疆共同成为失业率较高的地区。2022 年，除北京、天津、山西、山东、江苏、浙江、福建、湖南和广东为就业率较高的地区外，其余省份包括黑龙江、吉林、辽宁、河南、河北、四川、贵州等，就业率较低、失业率较高。总体而言，我国各省的就业差距偏大，而且发展水平不稳定，对于经济发达的地区来说，就业率并没有很高，而一些落后偏远的地区，就业情况却较好，这说明虽然大城市的就业机会多，但是人数更多，供不应求的结果就是劳动力不能合理分配，造成一定程度的资源浪费，从总体上看就是部门与产业之间劳动力配置的偏离程度加大，即劳动力配置效率变差。而在一些经济落后的地区，虽然就业机会较少，但是就业人数更少，部门与产业之间劳动力配置的偏离程度低，即劳动力配置的效率较高，就业反而更容易。

4.3.2 资本配置的空间分布

根据资产配置 Lilien 指数的测算结果可知，2001 年固定资产投资效率较高的省份有辽宁和山东，效率较差的地区有北京、山西、陕西、河北、河南、黑龙江、江苏、海南、重庆、云南和青海等，覆盖了我国大部分地区。到了 2010 年，固定资产投资的分配情况有所不同，固定资产投资效率较高的省份有吉林、新疆、上海、广东、天津和重庆，辽宁和山东效率降低，其余省份包括陕西、山西、河南和河北等效率较差。2015 年，全国固定资产投资的 Lilien 指数整体偏大，其中较小的有吉林、辽宁、山东、青海、重庆、贵州、湖南、江西、福建和浙江，而指数较大的为北京、山西、云南、甘肃、青海、宁夏和新疆。2022 年，固定资产投资配置状况并未好转，全国固定资产投资的 Lilien 指数仍旧整体偏大，除辽宁、河北、陕西、四川和江西 Lilien 指数偏小外，其余地区指数仍较大，固定资产投资配置效率不高。

我国固定资产投资的配置效率变化幅度大，辽宁在初期固定资产投资配置效率较高，但是后面几年持续下跌，到 2015 年情况才有所好转，处于我国平均水平。江西和四川的发展趋势较好，虽然在 2001 年处于较差的范围，但在 2010 年跻身效率较高的行列，且 2015 年依旧保持在配置效率高的水平。对于我国的固定资产投资，应该因地制宜，不同地区的经济发展情况不同，突出产业也不相同，同样的资本分配方式并不适用于所有地区，应尽量降低部门与产业之间资本配置的偏离程度，提高资本配置的效率。

4.4 要素配置 Lilien 指数的动态演变特征

本节利用对劳动力和资本要素的 Lilien 指数的测算，给出了分区域要素配置的动态演变特征。为了进一步分析影响我国经济增长的生产要素配置的动态变化，选用核密度估计进行研究。核密度估计是一种用于估计概率密度函数的非参数方法，x_1，x_2，$\cdots$，x_n 为独立分布 F 的 n 个样本点，设其概率密度函数为 f，则一般的核密度估计为

$$\hat{f}_h(x) = \frac{1}{n} \sum_{i=1}^{n} K_h(x - x_i) = \frac{1}{nh} \sum_{i=1}^{n} K\left(\frac{x - x_i}{h}\right) \tag{4.5}$$

式中：$K(\cdot)$ 为核函数；$h>0$ 为带宽，是一个平滑参数。由于高斯内核方便的数学性质，经常使用 $K(X)=\phi(X)$，其中 $\phi(X)$ 为标准正态概率密度函数。

本节采用高斯正态核函数，此时，核函数为

$$K(u) = (2\pi)^{-\frac{1}{2}} \exp\left(-\frac{1}{2}u^2\right) \tag{4.6}$$

笔者选取 2000~2022 年数据作为代表，对劳动力要素指数、资本要素指数进行动态分布研究。

图 4-1、图 4-2 分别展示了 2000~2022 年劳动力配置、资本配置的三维核密度分布，可以看出，我国劳动力配置、资本配置的分布基本为逐渐变化的右偏分布。

由图 4-1 可知，2000~2022 年劳动力配置峰值聚集在 0~0.5，说明每年我国劳动力配置集中区域相似。纵向比较，除 2006 年、2007 年、2009 年、2013 年、2016 年和 2017 年峰值高度有明显下降趋势外，绝大多数年份的峰值高度较为接近，这说明我国劳动力配置在上述年份的集中程度降低。横向比较，2000~2022 年，我国劳动力配置的核密度分布呈现从正态分布逐渐变为尖峰分布，说明区域之间的劳动力配置差异越来越明显，即地区之间劳动力配置效率在恶化，个别省份的劳动力配置变得极不合理，优化劳动力配置刻不容缓。

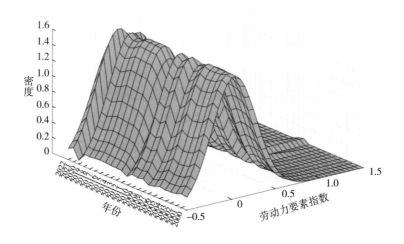

图 4-1　2000~2022 年我国劳动力要素配置三维核密度分布

由图 4-2 可知，2000~2022 年资本配置峰值聚集在 0~0.3，表明每年我国资本配置集中区域相似。纵向比较，2000~2006 年，其峰值高度大体上呈现上升趋势，说明我国资本配置的集中程度上升，此后各年峰值高度呈持平状态。与其余年份比较，2016 年和 2017 年峰值高度出现较为明显的降低，说明 2016 年与 2017 年我国资本配置的集中程度降低，之后又上升至持平高度。横向比较，自 2000~2022 年，我国资本配置的核密度分布与劳动力配置类似，同样呈现从正态分布逐渐变为尖峰分布，但是峰值有所降低，说明各省份两极分化的现象减弱，资本配置不合理的问题依旧严重，如何提高资本配置效率、优化资本分配方式，是我国需要解决的重要问题。

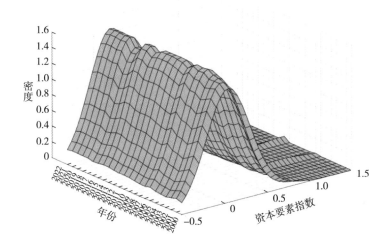

图 4-2   2000~2022 年我国资本要素配置三维核密度分布

4.5   要素配置对经济增长作用的分析

本节选取的样本为 2000~2022 年 30 个省份的数据，构建空间计量模型，选取 Y，即 $\ln GDP$（GDP 取对数）作为因变量；X（就业的 Lilien 指数）、T（固定资产投资的 Lilien 指数）两个指标作为自变量。

空间计量经济模型常见的三种形式为空间误差模型（SEM）、空间滞后模型

（SAR）和空间杜宾模型（SDM），本节选用何种模型进行实证分析，需经过相关性检验确定。

首先利用莫兰指数测试中国不同省份间的 GDP 是否存在空间自相关，Moran's I 取值范围是（-1，1），当 Moran's I >0 时，表示存在空间正相关；当 Moran's I <0 时，表示存在空间负相关。在相关性检验过程中，选取省级邻近矩阵作为空间权重矩阵。

根据 2000～2022 年分省份的 GDP 数据，可得到相关年份的莫兰指数及其显著性，如表4-3 所示。

表4-3　2000～2022 年分省份 GDP 的全局莫兰指数

年份	2000	2001	2002	2003	2004
Moran's I	0.145***	0.140***	0.139***	0.133***	0.141***
年份	2005	2006	2007	2008	2009
Moran's I	0.135***	0.129***	0.124***	0.120***	0.130***
年份	2010	2011	2012	2013	2014
Moran's I	0.136***	0.131***	0.128***	0.129***	0.132***
年份	2015	2016	2017	2018	2019
Moran's I	0.139***	0.145***	0.142***	0.145***	0.143***
年份	2020	2021	2022	—	—
Moran's I	0.150***	0.152***	0.148***		

注：*** 代表 $p<0.01$，下表同。

从 Moran's I 的结果来看，2000～2022 年中国 30 个省份的 GDP 均通过了 1% 的显著性检验，且大于 0，说明各地 GDP 之间存在显著的空间正相关性，即 GDP 之间存在显著的空间溢出效应，并且全局 Moran's I 在 2000～2022 年整体趋势先增大后减小，说明空间依赖性先上升后下降。为识别具体省份的 GDP 情况，绘制了 2022 年 GDP 的局部莫兰散点图（图4-3），各省份主要分布在第一、第三象限，中国目前 GDP 多以低—低集聚和高—高集聚为主，说明我国 GDP 在空间上具有显著的局部空间聚集特征。

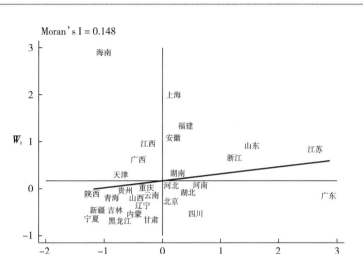

Moran's I = 0.148

图 4-3 2022 年中国分省份 GDP 的局部莫兰散点图

由上文可知，省份 GDP 之间存在空间相关性，所以模型中需要引入空间权重矩阵，实证部分需要选择空间计量模型来进行估计，使估计结果更加准确。

接着，笔者进行一般 OLS 回归，利用空间拉格朗日（LM）检验判断其是否具有空间误差效应和空间滞后效应，若只具备前者，则选择空间误差模型；若只具备后者，则选择空间滞后模型；若两者都具备，则选择空间杜宾模型。如表 4-4 所示，对 Y、X 和 T 进行一般 OLS 回归和 LM 检验，结果显示在 LM 检验下和 Robust-LM 检验下，误差项的 p 值通过了 1% 的显著性，但滞后项未通过 1% 的显著性，说明存在空间误差效应，空间滞后效应不存在或不显著，故可以选取空间误差模型进行实证分析。

表 4-4 模型估计结果和 LM 检验结果

变量	回归系数	p 值
X	0.268***	0.000
T	−0.113***	0.000
LM test no spatial error	638.575***	0.000
Robust LM test no spatial error	7.136***	0.008

续表

变量	回归系数	p 值
LM test no spatial lag	633.244 ***	0.000
Robust LM test no spatial lag	1.805 ***	0.179

在确定选取空间误差模型后，笔者利用 Hausman 检验确定是采用固定效应模型还是随机效应模型，根据表 4-5 检验结果，由于其 p 值小于 0.05，拒绝"系数的区别不是系统的"原假设，故采用固定效应模型。

表 4-5　Hausman 检验结果

检验方法	统计值	p 值
Hausman	40.16 ***	0.000

根据上文内容，采用固定效应的空间误差模型进行空间计量回归结果如表 4-6 所示。

表 4-6　固定效应的空间误差模型结果

变量	回归系数	T 统计量	p 值
X	-0.422 ***	-1.09	0.000
T	-0.011 ***	-0.13	0.000
R^2		0.798	

由回归结果可知，就业的 Lilien 指数、固定资产的 Lilien 指数与 GDP 均呈负相关，且二者的 p 值均通过了检验，拟合优度为 0.798，说明模型拟合度较高。

Lilien 指数取值越大，说明要素配置的偏离度越大，配置效率越低；Lilien 指数取值越小，说明要素配置的偏离度越小，配置效率越高。由表 4-6 可知，就业的 Lilien 指数每降低 1%，劳动力的配置效率会变高，GDP 将提高 0.422%；固定资产的 Lilien 指数每降低 1%，资本的配置效率会变高，GDP 将提高 0.011%。通过对比可以发现，在两个解释变量中，就业的 Lilien 指数对被解释变量的影响程度更大，即影响经济增长的最主要因素是劳动力配置。

4.6　本章小结

通过对全国 30 个省份的生产要素配置进行 Lilien 指数测度可以看出，劳动力配置、资本配置同时促进了经济增长，但区域间配置不均衡、不合理的现象仍较为严重。笔者将我国分为东部、中部和西部三个地区来分析生产要素配置情况，发现东部和中部的劳动力配置和资本配置的效率较高，西部地区的劳动力配置和资本配置的效率较低。而山西省的状况与全国其他地区相比，存在共性问题，要素存在错配，其中资本要素错配程度更为严重。后文将进一步对山西省的创新要素错配进行深层次分析。

5 山西省生产要素错配指数测算

本章利用山西省的劳动力要素和资本要素的数据，分区域、分产业、分行业测算劳动力及资本要素弹性，进而利用前文给出的理论模型，进一步测算山西省劳动力、资本要素分产业、分区域的错配指数，分析山西省生产要素错配的程度。

5.1 数据的选取与预处理

本章模型所使用数据主要来源于 2001~2023 年《山西统计年鉴》和山西省各地市 2001~2023 年《国民经济和社会发展统计公报》，以下是对这些数据所做的一些预处理。

（1）资本要素投入。一般来说，国际上测算资本存量的常用方法有两种：特征价格估值法（Hedonic Valuation，HV）和永续盘存法（Perpetual Inventory Method，PIM），其中 HV 法所需要的数据只能来自全社会大范围的普查，适用条件过于苛刻，大多数国家均采用永续盘存法对资本存量进行测算，本章也采用该方法。由于数据的可获得性，设定 2000 年为基年，并在确定其资本存量后，以 2000 年的价格为基准价测算山西省三次产业 2000~2023 年的资本存量。永续盘存法的公式为

$$K_{i,t} = (1 - \varphi_{it}) K_{i,t-1} + I_{it} \tag{5.1}$$

式中：$K_{i,t}$ 为第 t 年 i 产业的资本存量；I_{it} 为当年的实际投资额；φ_{it} 为第 t 年

i 产业的折旧率。对于当年实际投资额的选择，张军等（2004）、白重恩等（2006）、徐现祥等（2007）都采用了固定资本形成总额这一指标。固定资本形成总额是以全社会固定资产投资额为基础，通过一定的调整计算而得到的，该指标能更准确地测度我国可再生资本的变动情况。实际上，由于三次产业的固定资本形成总额数据不可得，故选取固定资产投资额作为固定资本形成总额的替代指标，将其用固定资产投资价格指数进行平减后的差值作为实际投资额。有关资本折旧率的确定，孟连和王小鲁（2001）、郭玉清（2006）等均采用了 5% 的折旧率，本章也采用 5% 的折旧率进行计算。固定资产投资价格指数来自国家统计局网站所公布的数据，其他数据均来源于 2001～2023 年《山西统计年鉴》。其中，由于 2017 年固定资产投资采取了新的口径，但在统计公报中显示了相较于上年的增长率，因此 2017 年各产业的固定资产投入是由 2016 年的不变价格分别乘以各部门相应的增长率得到的。

（2）劳动力要素投入。劳动力要素的投入用各产业的从业人员（万人）来衡量，其数据来源于 2001～2023 年《山西统计年鉴》。

（3）总产出。用各产业每年的产出增加值来衡量各部门的产出，为了使每年的产出具有可比性，采用山西省统计局公布的三次产业增加值指数，将增加值换算为以 2000 年为基年的可比价格增加值。其中，三次产业增加值数据来源于 2001～2023 年《山西统计年鉴》。

5.2　生产要素错配指数测算

对错配指数的测度首先需要估算资本和劳动力两种投入要素的产出弹性，本章利用柯布—道格拉斯生产函数对要素投入的产出弹性进行估计。对式（3.1）取对数可得：$\ln Y_i = \ln A_i + \alpha_i \ln K_i + \beta_i \ln L_i$。通过对山西省 2000～2022 年的数据进行回归，得到各产业投入要素的产出弹性，再根据式（3.11）计算得到要素价格的相对扭曲系数（见表 5-1）。

表5-1　山西省三次产业中要素价格的相对扭曲系数

年份	第一产业		第二产业		第三产业	
	资本价格的相对扭曲系数	劳动力价格的相对扭曲指数	资本价格的相对扭曲系数	劳动力价格的相对扭曲指数	资本价格的相对扭曲系数	劳动力价格的相对扭曲指数
2000	0.005	0.927	0.002	0.325	0.005	0.544
2001	0.156	0.927	0.004	0.319	0.016	0.564
2002	0.324	0.928	0.006	0.319	0.029	0.568
2003	0.528	0.910	0.009	0.331	0.046	0.663
2004	0.762	0.903	0.011	0.345	0.071	0.657
2005	1.009	0.898	0.014	0.354	0.106	0.683
2006	1.294	0.895	0.018	0.382	0.151	0.731
2007	1.606	0.894	0.022	0.385	0.206	0.776
2008	1.871	0.899	0.025	0.391	0.265	0.789
2009	2.247	0.889	0.030	0.395	0.346	0.817
2010	2.669	0.955	0.035	0.435	0.448	0.934
2011	3.109	0.910	0.041	0.468	0.573	0.951
2012	3.522	0.852	0.047	0.475	0.698	1.023
2013	3.972	0.828	0.054	0.493	0.827	1.050
2014	4.416	0.832	0.063	0.445	0.941	1.102
2015	4.852	0.770	0.073	0.430	1.044	1.169
2016	5.234	0.731	0.081	0.431	1.134	1.215
2017	5.433	0.700	0.085	0.421	1.188	1.233
2018	5.615	0.669	0.088	0.401	1.239	1.264
2019	5.791	0.646	0.091	0.390	1.283	1.265
2020	5.940	0.593	0.095	0.403	1.321	1.265
2021	6.074	0.561	0.097	0.402	1.365	1.267
2022	6.225	0.579	0.099	0.396	1.414	1.195

式（3.11）是从价税的形式反映要素资源的配置情况，在不完全竞争市场的时候，要素配置产生扭曲，直接反映在要素价格上，即在完全竞争市场的要素价格上加了一个扭曲税，以衡量要素配置状况，所以当要素价格的相对扭曲指数大于1时，说明该部门对要素使用的成本较低，这导致该部门对生产要素过度配置；当要素价格的相对扭曲指数小于1时，说明该部门对要素使用的成本较高，

这导致该部门对生产要素的配置不足。

在第一产业中，资本价格的相对扭曲系数不断增长，2005～2022年，资本要素价格的相对扭曲系数从1.009开始不断上升，这说明资本要素在该产业过度配置，并且处于不断恶化的过程。2000～2022，第一产业的劳动力价格的相对扭曲系数在［0,1］，这说明劳动力要素配置处于不足的状态，第一产业的劳动力价格的相对扭曲系数在2010年后开始下降，说明劳动力要素错配程度在2010～2022年不断恶化。

在第二产业中，资本价格的相对扭曲系数基本小于劳动力价格的相对扭曲系数，资本价格的相对扭曲系数从2000年的0.002开始不断上升，并且越来越接近于1，这说明资本要素在该产业配置不足，并且配置不足的状态出现好转。第二产业的资本要素处于配置不足的状态，在现有经济状态下，第二产业的发展潜力未完全被释放。劳动力价格的相对扭曲系数在2013年之前不断上升，2013年以后开始呈现下降趋势，且相对扭曲系数在［0,1］，说明在2000～2022年，第二产业的劳动力一直处于配置不足的状态，并且配置状况并未得到有效改善。整体来看，正是由于第二产业的技术进步程度落后，要素配置长期处于不合理状态。

在第三产业中，资本价格的相对扭曲系数在2014年之前均小于1，说明资本要素在该产业配置不足；2015年以后开始显著上升且均大于1，说明资本要素在该产业配置过度，资本在第三产业中的配置成本降低，资本要素配置不足的情况出现好转。劳动力价格的相对扭曲系数从2000年的0.544上升到2022年的1.195，说明该要素的配置状况呈现从配置不足到配置过度的变化，但变化程度相对资本要素较小，资本要素的错配程度大于劳动力要素的错配程度，并且无论是配置不足还是配置过度，均与有效的资源配置状态相差不大，这说明劳动力要素的配置在第三产业的配置合理化程度较高。

根据图5-1，用三次产业中资本要素价格的相对扭曲系数与有效值（扭曲系数为1时的值）的差的绝对值来反映错配程度的高低，对三次产业的资本要素配置程度进行对比发现，2000～2022年第一产业的错配程度一直大于第二、第三产业的错配程度。第一产业的资本要素价格的相对扭曲系数在2000～2022年增加较快，且数值较大，说明该产业的资本要素错配程度较高，并且处于不断恶化的过程。第二产业的资本要素价格的相对扭曲系数在2000~2022年增加较缓,配置不足的状态有明显好转。第三产业的资本要素价格的相对扭曲系数在2000~2022年相对稳定,且数值较低,说明资本要素配置不足情况有所好转。综上所述,第一产业的错配程度明显恶化,这说明对于现阶段山西省经济而言,解决第一产业资本错配的情况刻不容缓。

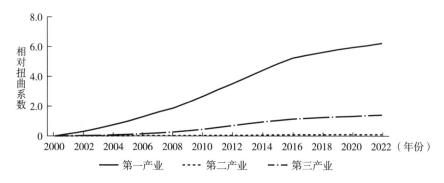

图5-1 山西省三次产业的资本要素价格相对扭曲系数变化

根据图5-2,对三次产业的劳动力要素配置程度进行对比发现,第三产业的劳动力要素的错配程度大于第二产业,第二产业错配程度大于第一产业。第三产业的劳动力要素价格的相对扭曲系数一直居高不下,并且呈现上升趋势,说明对于现有的第三产业而言,其存在大量的剩余劳动力,并且剩余劳动力的情况在不断恶化。第二产业的劳动力错配程度大致呈现下降趋势,后基本保持平稳,说明在当前经济状况下,第二产业的劳动力吸纳能力基本稳定。第一产业的劳动力要素错配程度较低,劳动力资源的有效配置程度较高。

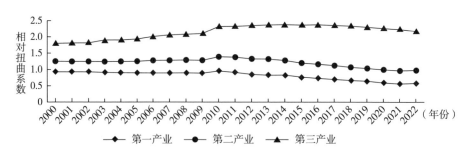

图5-2 山西省三次产业的劳动力要素价格相对扭曲系数变化

根据克拉克定理，劳动力要素的转移规律和产业结构变迁的一般趋势是，在各部门存在收入弹性不同的情况下，随着经济发展的部门收入弹性的变化，劳动力将依据部门不同的收入弹性进行转移，转移首先发生在第一产业与第二产业之间，进而在非农业部门之间进行转移，而产业结构也将由第一、第二产业比重最大的特征向以第二、第三产业比重为主的结构特征转化，但在山西省现状分析中，不难发现，劳动力资源的产业转移尚未很好地实现从第一产业到第二产业，再从第二产业到第三产业的转移。从劳动力要素的价格相对扭曲系数来看，第三产业劳动力资源配置程度在不断恶化，第一产业有明显的好转，而第二产业的配置状况基本保持不变。在造成这一矛盾的主要原因是第一产业转移劳动力涌向第三产业，这就使第三产业存在大规模非正规部门就业人员，劳动生产率提升速度缓慢。由于要素价格相对扭曲的变化反映了资源错配的变化情况，因此，总体来看，第一、第二产业的资源错配逐渐改善，而第三产业的资源错配程度呈现恶化的状态，三次产业的要素价格相对扭曲与资源错配的变化情况基本与经济发展过程中产业结构变化相一致。

根据式（3.1），取对数可得：$\ln Y_i = \ln A_i + \alpha_i \ln K_i + \beta_i \ln L_i$。通过对山西省2000~2022年的数据进行回归，得到各产业投入要素的产出弹性，可以计算出要素之间的边际收入满足如下关系式：

$$\frac{\omega_i}{\gamma_i} = \frac{\beta_i}{1-\beta_i} \cdot K_i \qquad (5.2)$$

式中：ω_i 和 γ_i 分别为劳动力和资本的真实报酬率——工资和利率；β_i 为劳动力的产出弹性。

$$\phi_{i,0} = \frac{\omega_i}{\gamma_i} \bigg/ \frac{\omega_0}{\gamma_0} = \frac{\beta_i}{1-\beta_i} \cdot K_i \bigg/ \frac{\beta_0}{1-\beta_0} \cdot K_0 \qquad (5.3)$$

式中：0 为以全省的平均水平为基准对照部门；φ_i 为部门间相对资源错配系数。因此可知，当 $\varphi_i = 1$ 时，部门 i 不存在资源错配；当 $\varphi_i < 1$ 时，意味着与基准部门 0 相比，部门 i 配置了过多的资本和过少的劳动力；当 $\varphi_i < 1$ 时，意味着要素的配置水平刚好与小于 1 时相反。根据以上公式，可以得到三次产业的错配系数（见表 5-2）。

表5-2 2000~2022年山西省三次产业的错配系数

年份	第一产业错配系数	第二产业错配系数	第三产业错配系数
2000	0.19	1.26	1.81
2001	1.82	0.89	1.60
2002	2.08	0.80	1.62
2003	2.19	0.73	1.68
2004	2.20	0.66	1.81
2005	2.11	0.60	1.96
2006	2.02	0.56	2.08
2007	1.94	0.53	2.20
2008	1.85	0.49	2.31
2009	1.77	0.47	2.40
2010	1.69	0.45	2.49
2011	1.60	0.42	2.59
2012	1.52	0.41	2.66
2013	1.47	0.40	2.69
2014	1.44	0.41	2.70
2015	1.41	0.43	2.68
2016	1.40	0.44	2.67
2017	1.39	0.44	2.67
2018	1.38	0.44	2.68
2019	1.37	0.44	2.68
2020	1.37	0.44	2.68
2021	1.36	0.44	2.69
2022	1.35	0.43	2.70

由表5-2可以发现，第一产业的错配系数呈现先增长后下降的趋势，并且除2000年之外，其他年份的错配系数均大于1，说明第一产业与基准部门相比，配备了过少的资本和过多的劳动力；第二产业的错配系数呈现下降趋势，并且在2011~2022年保持稳定，除2000年之外，其他年份的错配系数均小于1，说明第二产业与基准部门相比，配备了过多的资本和过少的劳动力；第三产业的错配系数不断上升，且错配系数均大于1，说明第三产业与基准部门相比，配备了过少

的资本和过多的劳动力。

根据要素价格的相对扭曲系数的计算,发现山西省 2022 年各个产业资源配置的情况:第三产业的劳动力和资本要素资源均配置过度;第二产业要素配置均呈现配置不足,资本要素的不足程度大于劳动力要素的不足程度;第一产业的资本要素配置过度,过度程度较大,劳动力要素配置不足,但过度程度较小。这些与前文山西省产业结构合理化与高级化测度结果相吻合。

5.3 各地市生产要素错配情况

山西省各地市的要素配置情况存在差异,以 2022 年为例,从各地市的层面分析山西省资源错配的情况,以求找到各地市对山西省资源错配情况的影响程度(见表 5-3)。

表 5-3 2022 年山西省各地市要素价格的相对扭曲系数

地区	资本价格的相对扭曲系数			劳动力价格的相对扭曲系数		
	第一产业	第二产业	第三产业	第一产业	第二产业	第三产业
太原	0.04	0.22	0.30	1.25	0.24	0.61
大同	0.15	0.18	0.15	1.43	0.12	0.25
阳泉	0.03	0.13	0.06	0.52	0.07	0.11
长治	0.18	0.50	0.16	2.08	0.17	0.25
晋城	0.10	0.27	0.12	1.39	0.14	0.21
朔州	0.16	0.21	0.05	0.89	0.08	0.12
晋中	0.18	0.36	0.17	2.18	0.16	0.27
运城	0.21	0.39	0.14	3.65	0.18	0.39
忻州	0.29	0.30	0.10	1.96	0.12	0.21
临汾	0.11	0.37	0.14	2.67	0.16	0.33
吕梁	0.12	0.36	0.11	1.75	0.19	0.21

根据表5-3的计算结果，山西省各地市2022年三次产业的资源配置状况存在较大的差异。对于第一产业而言，阳泉、朔州的劳动力要素价格的相对扭曲系数与资本要素价格的相对扭曲系数均小于1，说明这两个地区的第一产业的劳动力要素与资本要素配置均处于不足的状态。其他地区的劳动力要素的价格相对扭曲系数大于1而资本要素价格的相对扭曲系数小于1，说明这些地区的第一产业处于劳动力要素配置过度，资本要素配置不足的状态。对于第二、第三产业而言，所有地区的资本要素和劳动力要素都存在不同程度的欠缺状况。地区之间的要素配置不均衡，与地区之间产业结构发展非均衡有着密切的联系，加强各地市之间的经济交流和人才流动，有利于促进资源的流动，有效改善资源配置不平衡的现状，促进经济发展，提高产业的生产效率。

根据图5-3，2022年山西省各地市的资本要素的错配程度在三次产业之间存在较大差异。总体上，三次产业资本要素配置处于不足的状态。对比2017年，山西省整体处于资本配置不足的状况。第三产业的错配程度比第二产业和第一产业错配程度高，说明其资源有效配置程度较低。资本资源配置的不平衡制约着各产业的发展，加强产业之间的交流合作必不可少。以太原市为例，其三次产业的

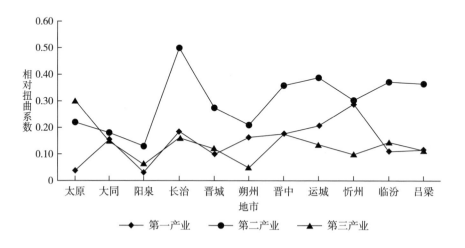

图5-3　山西省各地市三次产业中资本价格的相对扭曲系数

资本要素处于不足的状态，可通过产业之间、行业之间的经济交流，带动产业间的要素资源流通，实现产业间的资源有效互补，加强跨产业之间企业的交流合作，有效改善资源配置现状，提高经济实力。

根据图5-4，劳动力要素的错配程度在三次产业也存在较大差异，第一产业劳动力资源在不同地区的配置状况的差异较大，一些地区配置过剩，一些地区则配置不足。运城的劳动力价格的相对扭曲指数在11个地市中最大，说明其劳动力资源的错配程度最大；第二产业的劳动力要素价格的相对扭曲指数均小于1，说明各地市都处于配置不足的状态；第三产业的劳动力要素价格的相对扭曲指数均小于1，说明劳动力资源均处于不足的状态。总体上，各地区劳动力配置的情况相差不大，以太原为例，其第二产业和第三产业的劳动力要素配置均处于不足的状态，而第一产业的劳动力要素处于过剩的状态，显示了劳动力要素资源在不同产业之间的配置不均衡，不仅影响了其自身的生产效率，还对山西省整体的经济发展产生了抑制作用。

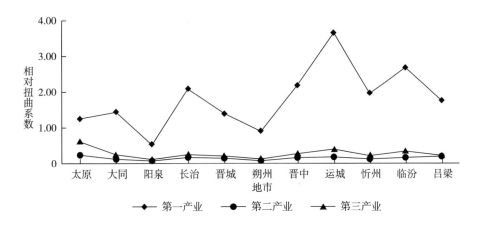

图5-4 山西省各地市三次产业中劳动力价格的相对扭曲系数

根据式（5.3）及山西省2022年各地市的数据，可以计算出山西省各地市2022年三次产业的错配系数（见表5-4）。

表5-4　2022年山西省各地市三次产业的错配系数

地区	第一产业错配系数	第二产业错配系数	第三产业错配系数
太原	0.02	0.23	0.33
大同	0.11	0.31	0.27
阳泉	0.05	0.47	0.23
长治	0.08	0.55	0.19
晋城	0.07	0.48	0.22
朔州	0.19	0.59	0.15
晋中	0.09	0.44	0.23
运城	0.11	0.52	0.19
忻州	0.20	0.50	0.18
临汾	0.06	0.51	0.21
吕梁	0.07	0.57	0.19

根据表5-4，可以发现山西省各地市2022年三次产业的错配系数均小于1，说明三次产业与基准部门相比配备了过多的资本和过少的劳动力，其中第一产业的扭曲系数较小，说明各地市第一产业的资源错配程度较高；第二产业的错配系数较大，说明各地市第二产业的资源错配程度较低。

5.4　各行业生产要素错配情况

要素配置不仅在地区之间存在差异，在行业之间也存在差异。若生产效率较低的行业能够以较低的价格获取资源，根据理性人假定和利润最大化原则，则会使该行业在违背效率原则的情况下配置更多资源，降低要素在该部门的边际收益。同理，若生产效率较高的行业面临要素价格过高的现象，在考虑成本因素下，则会减少要素的投入，使其配置不足，从而导致整个经济的生产效率下降。本节试图从各行业发展的情况对山西省资源错配的情形进行分析。

笔者尝试运用山西省各行业劳动力要素和资本要素的投入比来分析经济发展中各行业的要素占有率。但由于分行业数据的缺失，只获得了山西省2003～2022

年各行业的数据，根据数据的可获得性和指标的一致性，笔者利用山西省2003~2022年各行业的劳动力资源分配和可比价固定资产投资进行分析，其中可比价固定资产投资利用各年的固定资产投资价格指数进行平减。数据均来自2004~2023年《山西统计年鉴》。

由表5-5可知，从资本要素的年平均投资比例来看，各行业之间的固定资产投资存在较大差异，在第三产业中，金融业2003~2022年资本要素投资占总投资的比例均值仅为0.05%，而房地产业的资本年均投入占比达19.30%，差距较大，这与各产业的特性有着密不可分的关系。为了使结果更具有直观性，将年均固定资本投入比例低于0.5%的归为资本要素低投入行业，将年均固定资本投入比例高于10%的归为资本高投入行业，根据这些行业2003~2022年资本要素投入比的变化分析其发展趋势。

表5-5　2003~2022年山西省各行业资本年均投入比例　　　　单位:%

行业	年均投资比例	行业	年均投资比例
金融业	0.05	教育	1.95
居民服务、修理和其他服务业	0.16	批发零售业	1.68
建筑业	0.18	农林牧渔业	5.65
科学研究和技术服务业	0.38	水利、环境和公共设施管理业	9.44
租赁和商务服务业	0.59	电力、热力、燃气及水生产和供应业	12.15
住宿和餐饮业	0.55	交通运输、仓储和邮政业	12.08
卫生、社会工作	0.87	采矿业	11.69
公共管理、社会保障和社会组织	0.88	房地产业	19.30
文化、体育和娱乐业	1.09	制造业	20.29
信息传输、软件和信息技术服务业	1.02	—	—

由图5-5可知，居民服务、修理和其他服务业，建筑业，科学研究和技术服务业的资本要素投资占总体投资的比例虽然较低，但是其投资比例整体呈上升趋势。这说明在经济发展过程中，越来越重视民生和人才技术的培养。金融业的投资基本保持在一个比较稳定的状态。建筑业资本要素的投资比例在2005~2009

年和 2019~2022 年呈上升趋势，2009~2011 年和 2016~2018 年呈下降趋势。

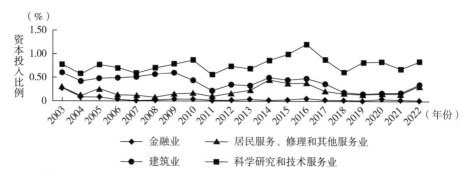

图 5-5　山西省低资本要素投入比的各行业资本投入比例变化

由图 5-6 可知，交通运输、仓储和邮政业，采矿业，房地产业及制造业的资本投入比例较高。这也与山西省经济发展的过程符合。"要想富，先修路"，这是经济发展的必要前提，地方经济的发展更离不开公路的建设，只有交通便利，才能够将地方经济的特色输送到更广阔的市场，招商引资的首要条件就是拥有便利的交通。同时，山西省作为典型资源型地区，煤炭资源丰富，长期依赖第二产业带动经济发展，因此对采矿业和制造业的投入较大。但随着经济发展内生动力不足和产业结构优化升级的迫切需要，山西省逐渐减少了对采矿业和制造业的资本要素投入。房地产业作为近些年蓬勃发展的产业，其资本要素的投资比例在不断上升。

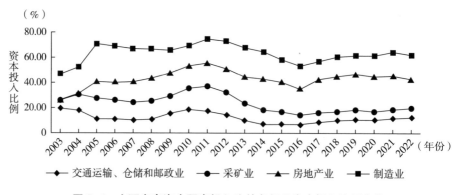

图 5-6　山西省高资本要素投入比的各行业资本投入比例变化

笔者进一步通过对山西省各行业劳动力要素投入比来分析经济发展中各行业劳动力要素的分配情况（见表5-6）。从劳动力要素的年平均投资比例来看，各行业之间的劳动力要素投入比例存在较大差异，农林牧渔业的投入占比远远高于其他行业。在第三产业中，房地产业2003~2022年劳动力要素投资占总投资的比例均值仅为0.38%，而批发零售业的劳动力要素年均投入占比达11.23%，差距较大。为了使结果更具直观性，将年均劳动力要素比例低于1%的归为劳动力要素低投入行业，将年均固定资本投入比例高于5%的归为资本高投入行业，通过对这些行业2003~2022年劳动力要素投入比的变化来分析其发展趋势。

表5-6　2003~2022年山西省各行业年均劳动力投入比例　　　　单位:%

行业	年均劳动力投入比	行业	年均劳动力投入比
房地产业	0.38	住宿和餐饮业	3.32
文化、体育和娱乐业	0.40	教育	2.99
科学研究和技术服务业	0.52	公共管理、社会保障和社会组织	3.27
水利、环境和公共设施管理业	0.55	交通运输、仓储和邮政业	5.66
电力、热力、燃气及水生产和供应业	0.70	建筑业	7.42
租赁和商务服务业	0.89	采矿业	9.21
金融业	1.02	制造业	10.18
信息传输、软件和信息技术服务业	1.12	批发零售业	11.23
卫生、社会工作	1.13	农林牧渔业	38.74
居民服务、修理和其他服务业	1.26	—	—

由图5-7可知，房地产业，文化、体育和娱乐业，科学研究和技术服务业，水利、环境和公共设施管理业，电力、热力、燃气及水生产和供应业，租赁和商务服务业的劳动力要素投资占总体的比例虽然较低，但是其投入比例整体呈上升趋势，说明在推进产业结构优化的过程中，这些产业对劳动力的吸引力加强。租赁和商务服务业劳动力要素的投资比例在2009~2011年呈下降趋势，2011年之后呈上升趋势。

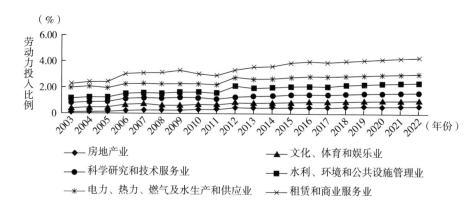

图5-7　山西省低劳动力要素投入比的各行业劳动力投入比例变化

由图5-8可知，农林牧渔业的劳动力要素投入比例远远高于其他产业，反映了行业内劳动力资源充足，但也可能存在大量的剩余劳动力。2003~2022年，该行业的劳动力投入比呈逐年下降趋势，说明该行业有劳动力在向其他行业转移。交通运输、仓储和邮政业，建筑业，采矿业，制造业，批发零售业的劳动力要素投入比变化幅度较小。总体上，采矿业，制造业和交通运输、仓储和邮政业出现下降趋势，批发零售业呈上升的趋势。

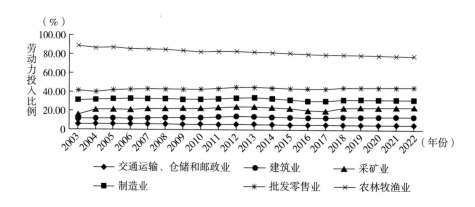

图5-8　山西省劳动力要素高投入比各行业劳动力投入比例变化

笔者进一步对山西省各行业资源的配置情况进行分析，由于分行业数据的缺失，只获得了山西省2003~2022年分行业的数据，并且因样本量太少而无法利用柯布—道格拉斯生产函数的对数线性模型 $\ln Y_i = \ln A_i + \alpha_i \ln K_i + \beta_i \ln L_i$ 进行估计，故笔者根据其所属的产业，用各产业的要素弹性进行计算，各行业资本要素价格的相对扭曲系数如表5-7所示。

表5-7　山西省各行业资本要素价格的相对扭曲系数

行业	2003年	2004年	2005年	2006年	2007年	2008年	2009年	2010年	2011年	2012年
农林牧渔业	2.79	1.81	1.95	2.04	2.09	2.24	3.18	3.22	2.26	2.69
采矿业	0.07	0.14	0.18	0.16	0.15	0.16	0.15	0.18	0.22	0.19
制造业	0.22	0.23	0.33	0.31	0.29	0.25	0.20	0.17	0.21	0.24
电力、热力、燃气及水生产和供应业	0.27	0.30	0.15	0.15	0.16	0.14	0.12	0.09	0.08	0.07
建筑业	0.00	0.00	0.00	0.00	0.00	0.01	0.00	0.00	0.00	0.00
批发零售业	0.25	0.42	0.22	0.25	0.24	0.22	0.24	0.19	0.30	0.32
交通运输、仓储和邮政业	2.87	2.64	1.64	1.63	1.53	1.60	2.30	2.75	2.54	2.14
住宿和餐饮业	0.04	0.06	0.07	0.10	0.10	0.11	0.13	0.09	0.11	0.10
信息传输、软件和信息技术服务业	0.23	0.14	0.25	0.26	0.24	0.28	0.26	0.10	0.05	0.06
金融业	0.04	0.01	0.01	0.00	0.00	0.01	0.01	0.01	0.00	0.00
房地产业	0.04	0.13	1.93	2.04	2.40	2.66	2.70	2.63	2.72	2.76
租赁和商务服务业	0.02	0.01	0.01	0.01	0.01	0.01	0.04	0.08	0.03	0.04
科学研究和技术服务业	0.03	0.02	0.04	0.03	0.01	0.03	0.03	0.06	0.05	0.06
水利、环境和公共设施管理业	1.62	0.94	0.57	0.75	1.02	1.24	1.37	1.13	1.01	1.22
居民服务、修理和其他服务业	0.00	0.00	0.03	0.01	0.02	0.01	0.02	0.02	0.01	0.02
教育	0.57	0.41	0.26	0.27	0.24	0.23	0.30	0.56	0.26	0.28
卫生、社会工作	0.15	0.11	0.07	0.07	0.05	0.08	0.11	0.13	0.11	0.09
文化、体育和娱乐业	0.21	0.12	0.08	0.10	0.09	0.09	0.16	0.15	0.16	0.14
公共管理、社会保障和社会组织	0.40	0.35	0.19	0.25	0.23	0.15	0.08	0.07	0.03	0.08

续表

行业	2013 年	2014 年	2015 年	2016 年	2017 年	2018 年	2019 年	2020 年	2021 年	2022 年
农林牧渔业	4.74	5.87	8.38	10.06	7.19	3.59	3.73	4.27	5.09	4.89
采矿业	0.15	0.12	0.11	0.08	0.08	0.08	0.09	0.07	0.08	0.08
制造业	0.25	0.24	0.19	0.20	0.16	0.17	0.16	0.18	0.21	0.21
电力、热力、燃气及水生产和供应业	0.07	0.08	0.10	0.10	0.13	0.14	0.13	0.14	0.10	0.11
建筑业	0.00	0.00	0.00	0.00	0.00	0.00	0.00	0.00	0.00	0.00
批发零售业	0.33	0.30	0.36	0.38	0.25	0.13	0.14	0.14	0.14	0.13
交通运输、仓储和邮政业	1.48	1.02	1.02	1.03	1.26	1.46	1.55	1.53	1.72	1.83
住宿和餐饮业	0.11	0.07	0.08	0.08	0.07	0.03	0.04	0.05	0.10	0.09
信息传输、软件和信息技术服务业	0.09	0.07	0.11	0.10	0.07	0.08	0.09	0.14	0.18	0.21
金融业	0.01	0.00	0.00	0.01	0.00	0.00	0.00	0.01	0.00	0.00
房地产业	3.09	3.62	3.47	3.03	3.88	4.11	4.18	4.09	3.95	3.38
租赁和商务服务业	0.08	0.09	0.08	0.17	0.13	0.19	0.14	0.14	0.22	0.21
科学研究和技术服务业	0.05	0.05	0.08	0.11	0.08	0.06	0.10	0.07	0.07	0.07
水利、环境和公共设施管理业	1.68	1.69	1.67	1.93	1.77	1.97	1.84	1.51	1.35	1.49
居民服务、修理和其他服务业	0.03	0.06	0.05	0.05	0.03	0.02	0.02	0.02	0.02	0.05
教育	0.20	0.17	0.19	0.19	0.18	0.23	0.26	0.33	0.34	0.25
卫生、社会工作	0.08	0.08	0.13	0.17	0.17	0.17	0.16	0.16	0.21	0.27
文化、体育和娱乐业	0.12	0.20	0.20	0.20	0.15	0.25	0.24	0.19	0.15	0.21
公共管理、社会保障和社会组织	0.07	0.06	0.05	0.10	0.15	0.10	0.06	0.07	0.05	0.05

由表 5-7 可知，农林牧渔业的资本价格相对扭曲系数居高不下，说明该行业的资本配置过度。采矿业，制造业，建筑业，住宿和餐饮业，信息传输、软件和信息技术服务业，教育，卫生、社会工作，文化、体育和娱乐业，居民服务、修理和其他服务业，金融业，科学研究和技术服务业的资本要素配置不足，且要素配置状况维持在比较平稳的状态。2013～2022 年，农林牧渔业的资本价格相对扭曲系数均大于 1，说明资本要素配置过度，在 2003～2016 年其有明显的增长趋势，2016 年后又显著下降。电力、热力、燃气及水生产和供应业，公共管理、

社会保障和社会组织,信息传输、软件和信息技术服务业的资本价格相对扭曲系数均小于1,且呈下降趋势,其不足的状况在逐渐加重,说明资本要素配置不足。批发零售业的资本价格相对扭曲系数小于1,说明资本要素配置不足,但其前期较为稳定,2016年后出现下降趋势。交通运输、仓储和邮政业的资本价格相对扭曲系数大于1,说明资本要素配置过度,但其整体呈下降趋势。房地产业在2005年之前的资本价格相对扭曲系数均小于1,说明资本要素配置不足;在2005~2020年的资本价格相对扭曲系数均大于1,说明资本要素配置过度;但其在2020年之后出现下降趋势。租赁和商务服务业的资本价格相对扭曲系数小于1,说明资本要素配置不足,但其整体呈上升趋势,配置状态在不断好转。水利、环境和公共设施管理业在2004~2006年的资本价格相对扭曲系数均小于1,说明资本要素配置不足;在其余年份均大于1,说明资本要素配置过度。

根据对各行业劳动力要素价格相对扭曲系数的计算研究各行业的劳动力要素配置情况,发现农林牧渔业的劳动力要素的配置状况与资本要素的配置情况相似,均处于配置过度,并且在所有行业中,该行业的错配程度最高,但劳动力要素价格相对扭曲系数呈下降趋势,错配程度有所缓解。采矿业的劳动力要素价格相对扭曲系数均小于1,但逐渐向1靠近,说明该产业的劳动力要素配置不足的状态出现了好转。制造业的劳动力要素价格相对扭曲系数大部分接近1,说明劳动力要素配置情况较好。电力、热力、燃气及水生产和供应业,建筑业,批发零售业,交通运输、仓储和邮政业,住宿和餐饮业,信息传输、软件和信息技术服务业等其他产业的劳动力要素价格相对扭曲系数均小于1,说明劳动力要素配置不足,并且配置保持在比较稳定的状态(见表5-8)。

表5-8 山西省各行业劳动力要素价格的相对扭曲系数

行业	2003年	2004年	2005年	2006年	2007年	2008年	2009年	2010年	2011年	2012年
农林牧渔业	8.79	8.68	8.41	8.00	7.86	7.80	7.62	7.41	7.29	7.09
采矿业	0.38	0.86	0.86	0.84	0.89	0.88	0.88	0.88	0.89	0.91
制造业	1.40	0.99	1.00	1.11	0.99	0.98	0.93	0.92	0.88	0.88

续表

行业	2003 年	2004 年	2005 年	2006 年	2007 年	2008 年	2009 年	2010 年	2011 年	2012 年
电力、热力、燃气及水生产和供应业	0.08	0.08	0.06	0.07	0.06	0.06	0.06	0.06	0.06	0.06
建筑业	0.53	0.54	0.55	0.52	0.57	0.60	0.65	0.66	0.73	0.77
批发零售业	0.12	0.10	0.12	0.11	0.12	0.12	0.12	0.13	0.13	0.13
交通运输、仓储和邮政业	0.07	0.07	0.07	0.07	0.07	0.07	0.07	0.07	0.07	0.07
住宿和餐饮业	0.00	0.02	0.01	0.02	0.02	0.02	0.03	0.04	0.04	0.04
信息传输、软件和信息技术服务业	0.00	0.01	0.01	0.01	0.01	0.01	0.01	0.01	0.01	0.01
金融业	0.01	0.01	0.01	0.01	0.01	0.01	0.01	0.01	0.01	0.01
房地产业	0.00	0.00	0.00	0.00	0.00	0.00	0.00	0.00	0.00	0.01
租赁和商务服务业				0.01	0.01			0.01	0.01	0.01
科学研究和技术服务业	0.00	0.00	0.00	0.01	0.01	0.01	0.01	0.01	0.01	0.01
水利、环境和公共设施管理业	0.00	0.00	0.00	0.00	0.00	0.00	0.00	0.01	0.01	0.01
居民服务、修理和其他服务业	0.01	0.01	0.01	0.01	0.01	0.01	0.01	0.02	0.02	0.01
教育	0.04	0.04	0.04	0.04	0.04	0.04	0.04	0.04	0.04	0.04
卫生、社会工作	0.01	0.01	0.01	0.01	0.02	0.01	0.01	0.01	0.01	0.01
文化、体育和娱乐业	0.00	0.00	0.00	0.01	0.01	0.00	0.00	0.00	0.00	0.00
公共管理、社会保障和社会组织	0.04	0.04	0.04	0.04	0.04	0.04	0.04	0.04	0.04	0.04
行业	2013 年	2014 年	2015 年	2016 年	2017 年	2018 年	2019 年	2020 年	2021 年	2022 年
农林牧渔业	6.88	6.93	6.93	6.84	6.76	6.51	6.41	6.31	6.21	6.12
采矿业	0.95	0.91	0.86	0.72	0.66	0.88	0.89	0.89	0.90	0.91
制造业	0.91	0.88	0.85	0.93	0.99	0.82	0.81	0.79	0.77	0.76
电力、热力、燃气及水生产和供应业	0.06	0.06	0.06	0.07	0.07	0.06	0.06	0.06	0.06	0.06
建筑业	0.76	0.73	0.72	0.68	0.67	0.76	0.77	0.78	0.79	0.80
批发零售业	0.13	0.14	0.14	0.15	0.15	0.15	0.15	0.15	0.15	0.16
交通运输、仓储和邮政业	0.07	0.07	0.06	0.06	0.07	0.07	0.06	0.06	0.06	0.06
住宿和餐饮业	0.04	0.04	0.05	0.05	0.06	0.06	0.06	0.06	0.06	0.06
信息传输、软件和信息技术服务业	0.02	0.02	0.02	0.02	0.02	0.02	0.02	0.02	0.02	0.02

续表

行业	2003年	2004年	2005年	2006年	2007年	2008年	2009年	2010年	2011年	2012年
金融业	0.01	0.01	0.01	0.01	0.01	0.01	0.01	0.01	0.01	0.01
房地产业	0.01	0.01	0.01	0.01	0.01	0.01	0.01	0.01	0.01	0.01
租赁和商务服务业	0.01	0.01	0.01	0.01	0.01	0.01	0.01	0.01	0.01	0.02
科学研究和技术服务业	0.01	0.01	0.01	0.01	0.01	0.01	0.01	0.01	0.01	0.01
水利、环境和公共设施管理业	0.01	0.01	0.01	0.01	0.01	0.01	0.01	0.01	0.01	0.01
居民服务、修理和其他服务业	0.01	0.01	0.02	0.02	0.02	0.02	0.02	0.02	0.02	0.02
教育	0.04	0.04	0.03	0.03	0.03	0.03	0.03	0.03	0.03	0.03
卫生、社会工作	0.01	0.01	0.01	0.01	0.01	0.01	0.01	0.01	0.01	0.01
文化、体育和娱乐业	0.00	0.00	0.01	0.01	0.01	0.01	0.01	0.01	0.01	0.01
公共管理、社会保障和社会组织	0.04	0.04	0.04	0.04	0.04	0.04	0.04	0.04	0.04	0.04

5.5　本章小结

　　本章对山西省各区域、各产业、各行业的要素错配进行了测度，要素价格相对扭曲系数的不同反映出山西省经济发展中各产业、各行业、各区域发展存在严重的不均衡现象，要素资源在第一产业中过度配置；第二产业由于技术进步程度落后，劳动力和资本要素未能发挥作用，存在较大的发展潜力；第三产业处于快速上升期，各产业要素配置状况相对优于第一、第二产业。各地区由于各自的历史原因，在经济发展过程中形成的产业结构也存在要素结构错配，而这种错配又进一步导致产业结构的不合理化。要素资源配置不足和过度都会阻碍山西省经济转型的顺利进行，导致生产效率低下，制约经济的发展。

6 山西省创新要素错配指数测算

因省域创新要素指标测度维度可获得性有限，本章借助全国不同区域创新要素数据对省域创新要素错配进行测算，进而展现山西省与全国其他省份的创新要素对比情况。本章首先从单一资源配置和多资源配置两个角度进行测度，采用反映结构变化的 Lilien 指数测度 R&D 人员和 R&D 经费的单一配置状况，借鉴 Hsieh 和 Klenow（2009）的资源错配理论框架，测算不同区域的 R&D 人员和 R&D 经费的单一资源错配系数。其次，本章将创新活动过程视为创新资源的投入产出过程，借助 Malmquist 指数测算创新资源综合配置效率指数。最后，综合不同资源配置测度的方法和结果，进行区域间配置的研究，对比探讨山西省与全国其他区域创新要素错配的状况及特征。

6.1 分区域创新资源配置 Lilien 指数测算

依据 Lilien 指数的公式及创新资源的要素特征，基于数据可获得性，本节选取 2000~2019 年各省份 R&D 人员全时当量及 R&D 经费内部支出数据分区域测算创新资源配置的 Lilien 指数（因西藏地区数据缺失较多，并且港澳台地区数据未获得，故此处予以剔除），原始数据均来源于《中国科技统计年鉴》（见表 6-1、表 6-2）。

根据表 6-1 可知，2001~2019 年，各省份的 R&D 人员配置 Lilien 指数波动性较大，北京、河北、吉林、黑龙江、上海、江苏、浙江、广东、广西、海南、陕西等省份的配置 Lilien 指数值下降明显，说明 R&D 人员配置效率总体在提升；2019 年，天津、内蒙古、黑龙江、安徽、江西、山东、广西、陕西、青海、新疆等省份的 R&D 人员配置 Lilien 指数值较高，说明配置效率仍然较低。整体来看，各省份的 R&D 人员配置效率波动性较大，区域差异也较大。2001～2019 年整体配置效率随指数值略微升高而又下降，配置效率存在明显的区域不平衡特征，且区域差异越来越大。2019 年 R&D 人员配置效率较高的省份主要有河北、湖南、四川和福建；配置效率较低的区域主要是分布在我国西部地区的新疆和青海及东部地区的山东、天津和中部地区的江西，除江西由于 R&D 人员全时当量相对于 2018 年出现差异较大的增长外，其他省份均出现了较大幅度的下降。

表 6-1 2001～2019 年主要年份各省份 R&D 人员配置 Lilien 指数

省份	2001 年	2010 年	2015 年	2019 年	省份	2001 年	2010 年	2015 年	2019 年
北京	0.022	0.029	0.003	0.021	河南	0.001	0.003	0.006	0.014
天津	0.001	0.002	0.013	0.049	湖北	0.009	0.007	0.010	0.014
河北	0.010	0.002	0.007	0.004	湖南	0.008	0.003	0.009	0.007
山西	0.011	0.018	0.019	0.013	广东	0.024	0.030	0.008	0.012
内蒙古	0.009	0.002	0.003	0.027	广西	0.038	0.002	0.009	0.024
辽宁	0.009	0.012	0.032	0.013	海南	0.010	0.002	0.001	0.001
吉林	0.042	0.004	0.003	0.018	重庆	0.002	0.007	0.005	0.010
黑龙江	0.030	0.004	0.018	0.026	四川	0.053	0.027	0.008	0.006
上海	0.039	0.021	0.002	0.011	贵州	0.010	0.003	0.003	0.010
江苏	0.022	0.012	0.010	0.010	云南	0.002	0.004	0.025	0.015
浙江	0.089	0.022	0.017	0.019	陕西	0.028	0.007	0.012	0.025
安徽	0.012	0.006	0.003	0.025	甘肃	0.010	0.009	0.006	0.019
福建	0.011	0.015	0.015	0.008	青海	0.005	0.002	0.007	0.045
江西	0.025	0.007	0.007	0.037	宁夏	0.002	0.010	0.002	0.003
山东	0.017	0.010	0.007	0.057	新疆	0.004	0.001	0.005	0.052

根据表 6-2 可知，2001～2009 年 R&D 经费配置 Lilien 指数值明显下降的省份有辽宁、黑龙江、上海、浙江、安徽、湖北、广东、广西、重庆、四川、陕西

等，这说明整体配置效率不断上升。2019 年，R&D 经费配置 Lilien 指数值较低的省份主要有河北、内蒙古、辽宁、上海、江苏、浙江、广东、广西、海南、重庆、陕西、甘肃等，这说明 R&D 经费配置效率较高。天津、山东、湖南、宁夏、青海、新疆的 Lilien 指数明显偏高，配置效率偏低。其中，天津、山东、新疆的效率较低是由于 2019 年 R&D 经费投入相对于 2018 年明显下降。通过对比分析可以看出，2001~2019 年 R&D 经费整体配置效率随着指数值增大有下降趋势，且区域差异性逐渐增大，2019 年东部沿海地区配置效率明显高于中、西部地区。

表 6-2　2001~2019 年主要年份各省份 R&D 经费配置的 Lilien 指数

省份	2001 年	2010 年	2015 年	2019 年	省份	2001 年	2010 年	2015 年	2019 年
北京	0.020	0.003	0.001	0.021	河南	0.003	0.001	0.000	0.017
天津	0.023	0.010	0.001	0.064	湖北	0.018	0.003	0.002	0.012
河北	0.027	0.009	0.005	0.003	湖南	0.011	0.000	0.005	0.022
山西	0.007	0.010	0.024	0.012	广东	0.034	0.006	0.010	0.006
内蒙古	0.000	0.000	0.002	0.006	广西	0.017	0.008	0.012	0.009
辽宁	0.021	0.003	0.053	0.006	海南	0.004	0.000	0.003	0.004
吉林	0.007	0.030	0.001	0.049	重庆	0.020	0.004	0.014	0.006
黑龙江	0.018	0.010	0.013	0.013	四川	0.019	0.002	0.005	0.017
上海	0.007	0.019	0.001	0.001	贵州	0.006	0.005	0.002	0.020
江苏	0.028	0.001	0.000	0.005	云南	0.002	0.002	0.013	0.015
浙江	0.016	0.005	0.006	0.009	陕西	0.020	0.011	0.003	0.009
安徽	0.016	0.002	0.002	0.011	甘肃	0.001	0.006	0.001	0.003
福建	0.014	0.006	0.003	0.015	青海	0.009	0.003	0.010	0.020
江西	0.022	0.006	0.004	0.034	宁夏	0.009	0.004	0.001	0.022
山东	0.002	0.018	0.002	0.076	新疆	0.009	0.000	0.002	0.043

为了进一步分析我国工业创新资源要素配置的动态变化，选用核密度进行研究。核密度估计是一种用于估计概率密度函数的非参数方法，x_1，x_2，$\cdots$，x_n 为独立分布 F 的 n 个样本点，令概率密度函数为 f，则一般的核密度估计为

$$\hat{f}_h(x) = \frac{1}{n}\sum_{i=1}^{n} K_h(x - x_i) = \frac{1}{nh}\sum_{i=1}^{n} K\left(\frac{x - x_i}{h}\right) \tag{6.1}$$

式中：$K(\cdot)$ 为核函数；h 为带宽，是一个平滑参数，$h>0$。本章采用高斯正态核函数，即 $K(X)=\phi(X)$，其中 $\phi(X)$ 为标准正态概率密度函数。此时，核函数为

$$K(u)=(2\pi)^{\frac{1}{2}}\exp\left(-\frac{1}{2}u^2\right) \tag{6.2}$$

笔者选取 2001～2019 年的数据观察 R&D 人员配置和 R&D 经费配置的 Lilien 指数动态变化特征（见图 6-1、图 6-2）。

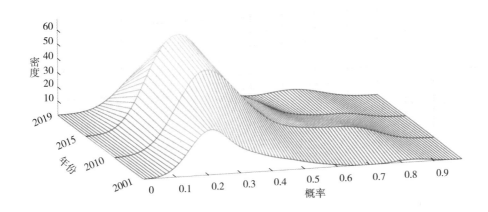

图 6-1 主要年份 R&D 人员配置的 Lilien 指数核密度分布

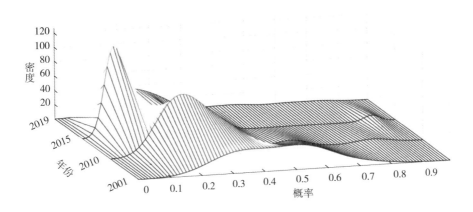

图 6-2 主要年份 R&D 经费配置的 Lilien 指数核密度分布

由图 6-1、图 6-2 可以看出，R&D 人员配置和 R&D 经费配置的 Lilien 指数核密度分布有相似之处。R&D 人员配置 Lilien 指数分布在 2001~2019 年呈现峰值由低到高再到低的趋势，且峰值逐渐向右移动，这说明 R&D 人员配置的地区差异呈现逐渐增大且效率有下降趋势；R&D 经费配置 Lilien 指数分布仅在 2015 年呈现峰值左移，其余年份均是峰值处于低位且偏向右移，这说明 R&D 经费配置地区差异增大的现象，效率同样有下降趋势。

6.2　单一资源错配系数测度

根据 Hsieh 和 Klenow（2009）的资源错配理论框架，本节构建柯布—道格拉斯创新生产函数，利用式（3.11）测算出单一创新资源的相对错配系数。笔者仍然选择"研究与试验发展（R&D）人员全时当量（人年）"和"研究与试验发展（R&D）经费内部支出（万元）"两个指标反映创新活动的人力投入和财力投入。

创新活动作为知识生产过程，与其他生产过程一样，不仅受当期投入流量的影响，也取决于过去时期的投入量，因此创新投入并不是 R&D 经费内部支出的当期流量，需要转化成 R&D 经费存量作为创新活动的投入。其具体估算过程如下。

第一，平减 R&D 经费内部支出。参考朱平芳和徐伟民（2003）、吴延兵（2008）等的做法，采用替代指标法，对居民消费价格指数和固定资产价格指数进行加权平均，权重分别为 0.55 和 0.45，构建 R&D 经费内部支出价格指数，将 2000 年作为基期，对 R&D 经费内部支出指标进行平减，剔除价格因素，得到以 2000 年为不变价格的实际 R&D 经费内部支出。

第二，确定期初资本存量。假定 R&D 资本存量的增长速度（平均增长率）与不变价 R&D 经费内部支出的平均增长率相同，从而期初 R&D 资本存量为

$RDK_{i0} = \dfrac{E_{i1}}{g_i + \delta_i}$，其中，$E_{i1}$ 为第 i 个地区第 1 期的不变价 R&D 经费内部支出，g_i 为

第 i 个地区不变价 R&D 经费内部支出的平均增长率。

第三，确定平均增长率 g_i。参考 Sliker（2007）的做法，采用线性回归法估计各地区平均增长率。线性回归模型为 $\ln E_i = \alpha_i + m_i t + \varepsilon_i$，其中 m_i 为第 i 个地区斜率参数，$g_i = e^{m_i} - 1$。

将各参数和指标代入计算式，即可算得 R&D 经费内部支出存量。

关于产出指标的选取，尽管使用专利数据作为技术创新的产出指标存在一定的局限性，但由于专利数据易于获得，同时专利和技术创新关系密切，并且专利标准客观、变化缓慢，因此专利不失为测量技术创新产出相当可靠的指标（Griliches，1990；Acs et al.，2002）。相当一部分国外学者是以专利为衡量技术创新的主要变量（Kortum & Lerner，2000；Colapinto，2007）。正如 Griliches 所说，专利统计为技术变革过程分析提供了唯一的源泉，就数据质量、数据可获性、详细的产业、组织和技术细节而言，其他任何数据均无法与专利数据相媲美。

关于技术创新产出指标，国外学者常选取专利申请量而不是专利授权量作为衡量指标，并且有学者论证了专利申请量比专利授权量更能反映技术创新的真实水平（Griliches，1990；Acs et al.，2002）。他们认为一方面专利申请量能够充分反映当时的研究能力、研究活跃程度；另一方面专利授权量经常会受到政府专利授权机构、专利评审过程等人为因素的干扰，人的主观不确定性会导致专利授权量出现较大变动，不能客观真实地反映研发活动的状况。另外，对于不同国家或不同时期，申请专利的规模会影响授权专利的数量，而且专利申请量很少受专利授权机构审查能力的约束，更能反映一个地区技术创新能力随时间的变化情况。

基于数据的可获得性，本章首先选取 2001~2019 年各省份 R&D 人员全时当量及 R&D 经费内部支出数据进行区域创新资源错配系数的测算。在进一步测算分行业错配系数时，发现分行业的数据仅有 2011~2019 年的规模以上工业企业的数据从分区域和分行业两个角度测算了创新资源错配系数。

6.2.1 分区域创新劳动力要素错配系数测度

各省份创新劳动力要素（R&D 人员全时当量）相对错配系数（MISL）如表 6-3 所示。

表 6-3　主要年份各省份创新劳动力要素相对错配系数

省份	2001 年	2005 年	2010 年	2015 年	2019 年	总平均
北京	1.170	1.870	1.611	1.199	1.327	1.485
天津	2.319	1.416	2.156	2.371	1.841	2.033
河北	2.172	3.886	5.835	4.475	2.550	4.180
山西	2.438	5.074	4.137	3.253	2.100	3.476
内蒙古	1.994	4.152	7.344	5.956	2.047	4.892
辽宁	2.538	2.516	2.849	3.732	3.308	3.130
吉林	2.039	3.087	6.699	5.078	2.605	4.208
黑龙江	3.626	4.981	7.926	3.444	3.141	4.549
上海	1.138	0.946	1.690	2.451	2.046	1.756
江苏	0.612	0.488	0.343	0.497	0.549	0.447
浙江	0.837	0.915	1.764	1.810	2.345	1.452
安徽	0.663	0.741	0.241	0.297	0.373	0.475
福建	1.139	1.422	2.537	1.772	1.633	1.844
江西	0.448	0.680	0.925	0.338	0.388	0.591
山东	0.649	0.808	1.162	1.218	1.048	1.093
河南	1.963	2.092	2.859	2.423	1.891	2.333
湖北	2.859	2.451	2.788	2.604	2.256	2.669
湖南	2.414	2.590	3.737	3.884	3.423	3.365
广东	0.336	0.320	0.842	0.843	0.745	0.659
广西	1.551	3.724	6.329	1.336	2.163	3.057
海南	0.573	0.978	3.686	3.031	1.474	2.105
重庆	2.409	1.941	1.548	1.133	2.773	2.024
四川	2.126	2.306	1.476	1.197	1.845	1.769
贵州	2.221	1.613	2.422	1.459	1.211	1.665
云南	0.560	0.821	1.093	0.984	0.891	0.919
陕西	2.427	2.095	1.002	0.622	0.789	1.329
甘肃	1.731	1.158	1.426	0.665	0.441	1.158
青海	2.752	4.402	5.718	1.755	1.551	3.732
宁夏	2.828	5.345	11.356	4.432	3.420	5.190
新疆	1.514	2.251	4.651	2.550	2.161	2.791

依据 Hsieh 和 Klenow（2009）的资源错配理论框架，若某产业（行业）创新资源的价格相对扭曲系数大于 1，说明这个产业（行业）会以较低的成本配置创新资源，这导致其更倾向配置成本低的创新资源，既会对其他资源产生挤出效应，也会挤占其他产业（行业）对该创新资源的配置；若某产业（行业）创新资源的价格相对扭曲系数小于 1，意味着创新资源成本较高，配置不足。由表 6-3 可知，2001~2019 年，在 R&D 人员配置上，河北、山西、内蒙古、辽宁、吉林、黑龙江、湖南、广西、青海、宁夏等的错配系数大于 3，说明相对于当地的创新产出，R&D 人员配置过量，且中部、西部地区较为明显，这意味着中部、西部地区 R&D 人员投入成本低且创新人均产出效率较低。而江苏、安徽、江西、广东等省份的 R&D 人员配置明显不足，说明这些地区对 R&D 人员还有一定的吸纳性。从整体来看，南北地区之间和东部、中部、西部地区之间差异显著。仅从 2019 年的数据来看，黑龙江、辽宁、宁夏、湖南、湖北、上海、浙江、广西、重庆等省份的 R&D 人员配置过量的现象较为明显，江苏、安徽、江西、陕西、甘肃、广东等省份的 R&D 人员由成本过高导致配置不足的现象较为明显。

由图 6-3 可以看出，R&D 人员相对错配系数的动态变化整体波动性较大，2001 年开始峰值自右向左移且逐渐向 1 靠近，到 2019 年又呈现右移远离 1 的趋势。整体峰值差异不大，说明区域差异始终存在，且更多的省份存在 R&D 人员配置相对过量的状况；多数地区虽然 R&D 人员全时当量逐年提高，但有效的 R&D 产出并不多；当前我国创新活动中存在人员产出效率低下的问题。

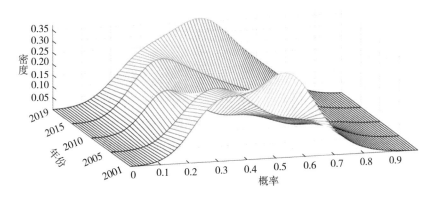

图 6-3 主要年份 R&D 人员相对错配系数的核密度分布

6.2.2　分区域创新资本要素错配系数测度

各省份 R&D 经费相对错配系数如表 6-4 所示。

表 6-4　主要年份各省份 R&D 经费相对错配系数

省份	2001 年	2005 年	2010 年	2015 年	2019 年	总均值
北京	2.567	3.037	2.758	2.113	2.203	2.560
天津	1.162	0.780	1.164	1.067	1.167	1.050
河北	0.917	1.446	2.018	1.450	1.046	1.512
山西	0.897	1.581	1.277	1.557	0.968	1.230
内蒙古	0.841	1.833	4.691	4.765	2.798	3.418
辽宁	1.130	1.284	1.373	2.284	1.732	1.627
吉林	0.776	1.198	1.640	1.467	0.860	1.280
黑龙江	0.624	0.890	1.397	0.778	0.811	0.900
上海	1.104	1.041	1.251	2.023	1.853	1.502
江苏	1.840	1.605	0.791	1.159	1.351	1.225
浙江	0.410	0.436	0.588	0.595	0.694	0.531
安徽	2.700	3.702	0.866	1.016	1.391	1.977
福建	0.684	0.824	1.155	1.045	0.785	0.943
江西	1.717	2.347	4.886	2.404	1.557	3.064
山东	0.852	0.989	1.267	1.498	1.601	1.306
河南	0.624	0.599	0.716	0.651	0.583	0.642
湖北	0.962	0.774	0.833	0.943	0.827	0.879
湖南	0.832	0.918	1.209	1.411	1.312	1.186
广东	0.594	0.513	0.713	0.839	0.631	0.677
广西	0.415	0.621	0.911	0.293	0.459	0.536
海南	0.887	1.709	2.464	2.635	1.531	2.049
重庆	0.614	0.568	0.508	0.411	0.996	0.636
四川	0.983	0.936	0.565	0.472	0.656	0.684
贵州	0.452	0.460	0.615	0.361	0.300	0.429
云南	2.860	4.912	5.537	4.565	4.486	4.761
陕西	2.210	2.263	0.858	0.554	0.668	1.242

续表

省份	2001 年	2005 年	2010 年	2015 年	2019 年	总均值
甘肃	1.293	1.192	1.376	0.729	0.552	1.161
青海	1.295	2.228	1.890	0.941	0.676	1.637
宁夏	0.649	1.124	2.472	1.071	0.964	1.175
新疆	0.491	0.588	0.998	0.771	0.932	0.778

由表 6-4 可知，2001~2019 年，北京、内蒙古、江西、海南、云南等省份 R&D 经费相对错配系数大于 2，说明相对于创新产出，R&D 经费配置过高，而浙江、河南、湖北、广东、广西、重庆、四川、贵州、新疆等省份 R&D 经费资源配置明显不足。就 2019 年的数据分布来看，中国大部分省份处于 R&D 资本配置不足的状况，这与前文多数省份 R&D 人员配置过度形成对比，更加凸显我国 R&D 经费区域性短缺的现象。而辽宁、北京、河北、山东、江苏及内蒙古、安徽、江西、湖南的 R&D 经费错配系数介于 1~2，说明 R&D 经费配置略微过量，云南的 R&D 经费错配系数为 4.761，与其创新产出相比，R&D 经费配置过量较为严重，R&D 经费产出效率低。

由图 6-4 可以看出，2001 年，R&D 经费相对错配系数的峰值自右逐渐左移且向 1 靠近，且整体峰值由高到低再到高，但右侧显示个别省份错配系数偏大的现象，相对于图 6-3 区域整体错配程度要小，但区域差异仍然存在。

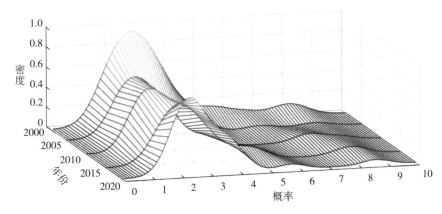

图 6-4 主要年份 R&D 经费相对错配系数的核密度分布

由表6-5可以看出，2001~2019年，东部地区的R&D经费错配系数均接近1，而R&D人员在2014年以后呈现配置过度的状况，该状况在2017年以后逐年缓解；中部地区的R&D经费配置在2017年以前一直呈现过度的状况，2017年以后接近1，R&D人员错配系数也基本呈现相同的变化；西部地区的R&D经费错配系数由大于1逐渐下降为小于1，说明R&D经费配置不足，但在2017年以后再次逐年提高并逐渐接近1，而R&D人员错配系数自2009年以后呈现明显小于1的现象，说明R&D人员配置明显不足。总体而言，东部地区的创新资源配置状况明显优于中部、西部地区，而西部地区相对差距较大。

表6-5　2001~2019年东、中、西部地区创新资源错配系数汇总

年份	R&D 经费错配系数			R&D 人员错配系数		
	东部地区	中部地区	西部地区	东部地区	中部地区	西部地区
2001	0.951	1.096	1.158	0.902	1.439	0.942
2002	0.933	1.193	1.193	0.892	1.495	0.968
2003	0.938	1.202	1.160	0.894	1.434	1.021
2004	0.939	1.168	1.212	0.899	1.386	1.050
2005	0.915	1.508	1.151	0.865	1.842	0.976
2006	0.919	1.492	1.148	0.863	1.838	0.989
2007	0.918	1.569	1.119	0.878	1.825	0.967
2008	0.929	1.505	1.070	0.905	1.709	0.902
2009	0.933	1.564	0.994	0.922	1.782	0.791
2010	0.964	1.303	0.938	0.982	1.449	0.720
2011	0.954	1.418	0.928	0.979	1.571	0.669
2012	0.966	1.382	0.876	1.028	1.309	0.684
2013	0.987	1.391	0.778	1.053	1.341	0.623
2014	1.032	1.260	0.683	1.116	1.224	0.560
2015	1.056	1.212	0.640	1.161	1.163	0.521
2016	1.039	1.132	0.723	1.131	1.081	0.588
2017	1.084	1.010	0.670	1.192	0.976	0.561
2018	1.045	0.981	0.808	1.146	0.928	0.636
2019	1.021	1.031	0.860	1.094	1.059	0.647

6.3　创新资源综合配置效率测度

本节运用两种方法对创新资源配置效率进行测算，以对比不同方法下山西省创新资源综合配置效率在全国的情况。

6.3.1　Malmquist 指数测算原理

创新资源综合配置效率测度主要借助 Malmquist 指数的测算原理。Malmquist 指数最初由 Malmquist 于 1953 年提出，Caves 等于 1982 年开始将这一指数应用于对生产效率变化的测算，将其命名为 Malmquist 生产率指数。这一指数与 DEA 理论结合，逐渐演化出 Malmquist 指数模型，本部分将技术创新过程视为生产过程、创新资源配置效率视为创新过程的投入产出效率，利用 Malmquist 测度各地区创新资源综合配置效率，并对其进行分解分析。

对每一个特定时期 $t = 1$，2，$\cdots$，T，在不变规模报酬下，用 x^t、y^t、x^{t+1}、y^{t+1} 分别表示第 t 期和第 $t+1$ 期的技术创新生产的投入量、产出量，用 $D_i^t(x^t, y^t)$ 和 $D_i^{t+1}(x^{t+1}, y^{t+1})$ 分别表示第 t 期和第 $t+1$ 期 Shephard 定义的距离函数，$D_i^t(x^t, y^t)$ 表示 t 期的技术条件下 t 期的技术效率水平，$D_i^t(x^{t+1}, y^{t+1})$ 表示 t 期的技术条件下 $t+1$ 期的技术效率水平，$D_i^{t+1}(x^t, y^t)$ 表示 $t+1$ 期的技术条件下 t 期的技术效率水平，$D_i^{t+1}(x^{t+1}, y^{t+1})$ 表示 $t+1$ 期的技术条件下 $t+1$ 期的技术效率水平。笔者用数据包络分析方法（DEA）进行测算，则在时期 t 的技术条件下，从 t 期到 $t+1$ 期的 TFP 变化为

$$M_i^t = D_i^t(x^{t+1}, y^{t+1})/D_i^t(x^t, y^t) \qquad (6.3)$$

在时期 $t+1$ 的技术条件下，从 t 期到 $t+1$ 期的 TFP 变化为

$$M_i^{t+1} = D_i^{t+1}(x^{t+1}, y^{t+1})/D_i^{t+1}(x^t, y^t) \qquad (6.4)$$

为避免时期选择随意性带来的生产技术水平参照差异，笔者借鉴 Färe（1994）的做法，将两种生产技术水平参照指数的几何平均数作为从 t 期到 $t+1$ 期的 TFP 变化：

$$TFPCH = M_i(x^{t+1},\ y^{t+1};\ x^t,\ y^t)$$

$$= \left[M_i^t \times M_i^{t+1} \right]^{1/2}$$

$$= \left[\frac{D_i^t(x^{t+1},\ y^{t+1})}{D_i^t(x^t,\ y^t)} \times \frac{D_i^{t+1}(x^{t+1},\ y^{t+1})}{D_i^{t+1}(x^t,\ y^t)} \right]^{1/2} \tag{6.5}$$

若 $TFPCH>1$，则表示全要素生产率增长；反之则下降。

假设规模报酬不变，进一步将 Malmquist 指数分解为

$$M_i(x^{t+1},\ y^{t+1};\ x^t,\ y^t) = \left[\frac{D_i^t(x^{t+1},\ y^{t+1})}{D_i^t(x^t,\ y^t)} \times \frac{D_i^{t+1}(x^{t+1},\ y^{t+1})}{D_i^{t+1}(x^t,\ y^t)} \right]^{\frac{1}{2}}$$

$$= \frac{D_i^{t+1}(x^{t+1},\ y^{t+1})}{D_i^t(x^t,\ y^t)} \times \left[\frac{D_i^t(x^{t+1},\ y^{t+1})}{D_i^{t+1}(x^{t+1},\ y^{t+1})} \times \frac{D_i^t(x^t,\ y^t)}{D_i^{t+1}(x^t,\ y^t)} \right]^{\frac{1}{2}}$$

$$= EFFCH \times TECH$$

$$= \frac{D_i^t(x^{t+1},\ y^{t+1})v}{D_i^t(x^t,\ y^t)v} \times \left[\frac{\dfrac{D_i^t(x^{t+1},\ y^{t+1})c}{D_i^t(x^{t+1},\ y^{t+1})v}}{\dfrac{D_i^t(x^t,\ y^t)c}{D_i^t(x^t,\ y^t)v}} \times \frac{\dfrac{D_i^{t+1}(x^{t+1},\ y^{t+1})c}{D_i^{t+1}(x^{t+1},\ y^{t+1})v}}{\dfrac{D_i^{t+1}(x^t,\ y^t)c}{D_i^{t+1}(x^t,\ y^t)v}} \right]^{\frac{1}{2}}$$

$$\times \left[\frac{D_i^t(x^{t+1},\ y^{t+1})v}{D_i^{t+1}(x^{t+1},\ y^{t+1})v} \times \frac{D_i^t(x^t,\ y^t)v}{D_i^{t+1}(x^t,\ y^t)v} \right]^{\frac{1}{2}}$$

$$= PECH \times SECH \times TECH \tag{6.6}$$

式中：$EFFCH$ 为技术效率变化指数；$TECH$ 为技术进步率变化指数；$PECH$ 为纯技术效率变化指数；$SECH$ 为规模效率变化指数。其中，技术效率变化指数（$EFFCH$）测算从 t 期到 $t+1$ 期决策单元对生产前沿面的追赶程度，表示相对技术效率的变化，是指进行生产活动的资本、人员等资源配置是否得到优化、投入规模是否达到最优；技术进步变化指数（$TECH$）反映的是从 t 期到 $t+1$ 期生产前沿面的移动，衡量技术水平的变化。$EFFCH>1$，表示资源配置优化程度提高；$TECH>1$，表示技术进步率提升。

把上述理论扩展到技术创新生产角度，在此依据 Malmquist 指数原理将技术创新视为创新过程，将 R&D 人员和 R&D 经费投入看作技术创新过程的投入，则 TFP_{RD} 为创新要素综合配置效率。同时，对各分解指标添加 RD 下标作为创新资

源投入相关测度指标并赋予新的意义：技术效率变化指数（$EFFCH_{RD}$）原指资源配置是否得到优化、投入规模是否最优（Färe et al.，1994；Grifell & Laell，1995；Bjurek，1996），本部分将其视为进行技术创新活动的创新资本、创新劳动力要素配置是否得到优化、投入规模是否达到最优，是反映不同区域创新资源配置对技术创新效率的差异的指标；另一个指标是技术进步变化指数（$TECH_{RD}$），原指生产前沿面的外推，也就是对技术水平变化的衡量，本部分将其视为技术创新环境或条件的变化，这种环境或条件的变化包括区域对技术创新的扶持力度及对相关融资市场的管理水平和治理机制发生变化，由于不同的区域相关政策及力度不同，也就意味着其创新环境或条件不同。环境越好，创新活动越活跃，潜在的创新能力越强，越能达到或超越创新的前沿面。

6.3.2　基于 Malmquist 指数的创新资源综合配置效率测算

在前文的创新资源投入指标的基础上，利用 DEAP 2.1 软件测算 2001~2019 年我国各省份创新资源综合配置效率 Malmquist 指数及分解，如表6-6 所示。

表 6-6　2001~2019 年各省份创新资源综合配置效率及其分解结果

省份	$EFFCH_{RD}$ 技术效率变化	$TECH_{RD}$ 技术进步率变化	$PECH_{RD}$ 纯技术效率变化	$SECH_{RD}$ 规模效率变化	TFP_{RD} 技术创新效率变化
北京	1.066	1.005	1.000	1.066	1.072
天津	1.070	1.017	1.023	1.047	1.088
河北	1.051	1.011	1.040	1.010	1.062
山西	1.048	0.985	1.027	1.020	1.032
内蒙古	1.010	0.940	0.988	1.022	0.949
辽宁	1.035	1.030	1.008	1.027	1.066
吉林	1.078	1.012	1.049	1.028	1.091
黑龙江	1.059	0.978	1.030	1.029	1.036
上海	1.031	1.035	0.992	1.040	1.067
江苏	1.060	1.012	1.023	1.036	1.073
浙江	0.985	1.009	0.999	0.986	0.993
安徽	1.086	0.988	1.066	1.018	1.073

省份	$EFFCH_{RD}$ 技术效率变化	$TECH_{RD}$ 技术进步率变化	$PECH_{RD}$ 纯技术效率变化	$SECH_{RD}$ 规模效率变化	TFP_{RD} 技术创新效率变化
福建	1.031	0.994	1.016	1.014	1.024
江西	1.050	0.971	1.033	1.017	1.019
山东	1.029	1.028	1.021	1.008	1.058
河南	1.050	0.968	1.017	1.032	1.016
湖北	1.075	0.997	1.04	1.034	1.072
湖南	1.027	0.972	0.986	1.041	0.998
广东	1.012	1.039	1.000	1.012	1.051
广西	1.046	0.979	1.016	1.029	1.024
海南	0.994	0.961	1.000	0.994	0.955
重庆	1.036	0.934	0.975	1.062	0.967
四川	1.078	1.024	1.062	1.015	1.104
贵州	1.055	0.982	1.033	1.021	1.037
云南	1.016	0.949	0.971	1.047	0.965
陕西	1.134	1.035	1.128	1.005	1.174
甘肃	1.105	0.963	1.088	1.015	1.063
青海	1.079	0.985	1.034	1.044	1.063
宁夏	1.037	0.967	1.023	1.014	1.003
新疆	1.022	0.952	1.011	1.011	0.973
均值	1.048	0.990	1.023	1.025	1.038

由表 6-6 可知，反映创新资源配置状况的 $EFFCH_{RD}$ 指数除浙江和海南两省外其余省份均大于 1，说明我国整体区域的创新资源配置效率逐步趋向优化，陕西、甘肃两省的指标值优势明显，说明在创新资源综合配置上效率较高；反映区域创新环境的 $TECHCH_{RD}$ 指数的数值显示，东部沿海省份均大于 1，而山西、内蒙古、黑龙江、安徽、福建、江西、河南、湖北、湖南、广西、海南、重庆、贵州、云南、甘肃、宁夏、新疆均小于 1，说明就创新活动整体环境而言，中部、西部地区与东部地区存在差距。$TFPCH_{RD}$ 指数值显示陕西省创新资源配置效率指数最大，四川省创新效率变化指数次之，这两个省的技术创新效率提高更多的是源于技术效率指标（$EFFCH_{RD}$）的提高，也就是源于创新资本和劳动力两大要素

配置不断优化。而技术进步率变化指标（$TECH_{RD}$）主要是指创新环境方面的优化，不仅得益于技术效率增长，也包括技术进步率增长的贡献，说明这两个地区自 2001 年以来在资源配置状况改善的同时，创新环境也在优化，各指标均表现较好。

6.3.3 三阶段 DEA 分析法原理

数据包络分析方法（DEA）于 1978 年由 Charnes、Cooper 和 Rhodes 首次提出。该方法的原理是通过保持决策单元的输入或输出不变，借助线性规划和统计数据确定相对有效的生产前沿面，将各个决策单元投影到 DEA 的生产前沿面上，并通过比较决策单元偏离 DEA 前沿面的程度来评价它们的相对有效性。进一步地，Fried 等（2002）提出三阶段 DEA 分析法，不仅保留了 DEA 方法的优点，还可以将影响系统生产绩效的因素分解为管理效率、环境影响和随机干扰因素，但是这种方法仅适用于横截面数据。刘自敏等（2014）在此基础上进行了改进，提出面板三阶段 DEA，并对我国省级政府卫生投入效率的时空演变进行了分析，本部分则首次利用此模型对我国创新资源配置效率进行测度。具体步骤如下。

第一阶段：采用传统 BCC 模型计算效率值和投入松弛值。以原始的投入产出数据为基础，将每年的 DMU 数据整理作为横截面数据，即把不同年份的同一DMU 视为不同的 DMU，由此测得各自的效率值，用目标投入值与实际投入值作差得到投入松弛值。

第二阶段：构建面板随机前沿分析分解松弛变量。使用面板 SFA 对第一阶段得到的投入松弛进行分解，即以每个投入变量的松弛变量为被解释变量、环境变量为解释变量，建立 SFA 回归。回归方程为

$$S_{nit} = f(Z_{it}; \beta_{nt}) + v_{nit} - u_{nit} \tag{6.7}$$

式中：$i = 1, 2, \cdots, I$；$n = 1, 2, \cdots, N$；$t = 1, 2, \cdots, T$；S_{nit} 为第 t 年第 i 个决策单元第 n 项投入松弛值；Z_{it} 为环境变量集，$Z_{it} = [Z_{1it}, Z_{2it}, \cdots, Z_{kit}]$；$\beta_{nt}$ 为环境变量的待估系数；$f(Z_{it}; \beta_{nt})$ 为外部环境对投入松弛 S_{nit} 的影响。$v_{nit} - u_{nit}$ 为混合误差项，其中，v_{nit} 为随机干扰且 $v_{nit} \sim N(0, \sigma_{vnt}^2)$，表示随机干扰因素对投入松弛变量的影响；$u_{nit}$ 为管理无效率且 $v_{nit} \sim N^+(u_{nt}, \sigma_{unt}^2)$，表示管理因素

对投入松弛变量的影响；u_{ni} 和 v_{nit} 相互独立；$f(Z_{it};\ \beta_{nt})+v_{nit}$ 为随机的可行松弛前沿，采用极大似然估计未知参数。

笔者利用已估计参数原始投入进行调整，借鉴 Jondrow 等（1982）、罗登跃（2012）等推导的计算式，分离随机误差为

$$\hat{E}\left[v_{njt}\mid\varepsilon\right]=S_{njt}-f(Z_{it};\ \beta_{nt})-\hat{E}\left[u_{njt}\mid\varepsilon\right] \tag{6.8}$$

$$\hat{E}\left[v_{njt}\mid\varepsilon\right]=\sigma_{*}\left[\frac{\varphi\left(\dfrac{\varepsilon_{i}\lambda}{\sigma}\right)}{\Phi\left(\dfrac{\varepsilon_{i}\lambda}{\sigma}\right)}+\frac{\varepsilon_{i}\lambda}{\sigma}\right] \tag{6.9}$$

式中：$\sigma_{*}=\dfrac{\sigma_{ut}-\sigma_{vt}}{\sigma}$；$\sigma=\sqrt{\sigma_{ut}^{2}+\sigma_{vt}^{2}}$；$\lambda=\dfrac{\sigma_{u}}{\sigma_{v}}$；$\varepsilon=S_{njt}-f(Z_{it};\ \beta_{nt})\ \varphi(\cdot)$；$\varphi(\cdot)$ 为标准正态分布的密度函数；$\Phi(\cdot)$ 为标准正态分布函数。笔者使用面板 SFA 模型的回归结果将所有 DMU 调整至相同的外部环境下，在投入导向下，对各 DMU 的原始投入值进行调整，由此在第三阶段的 DEA 计算中得出纯粹的比较管理水平的相对效率。调整方法为

$$X_{nit}^{A}=X_{nt}+\left[\max(f(\widehat{Z_{it}};\ \beta_{nt}))-f(\widehat{Z_{it}};\ \beta_{nt})\right]+\left[\max(v_{nit})-v_{nit}\right] \tag{6.10}$$

式中：$i=1,\ 2,\ \cdots,\ I$；$n=1,\ 2,\ \cdots,\ N$；$t=1,\ 2,\ \cdots,\ T$；X_{nit} 为调整前的投入值；$\left[\max(f(\widehat{Z_{it}};\ \beta_{nt}))-f(\widehat{Z_{it}};\ \beta_{nt})\right]$ 为将所有的 DMU 统一调整至最优外部环境时所增加的投入值；$\left[\max(v_{nit})-v_{nit}\right]$ 为对随机误差项造成的松弛值进行调整。

第三阶段：重新构建 BCC 模型得到调整后的效率。利用 DEA 模型，基于原始产出和第二阶段调整后的投入值，将它们作为新的产出和投入，重复每个阶段的做法将所有年份置于同一前沿面下，测算 DMU 效率值。

6.3.4　基于三阶段 DEA 的创新资源综合配置效率测算

6.3.4.1　指标选取与数据来源

（1）投入指标与产出指标选取。本章借鉴相关学者对创新资源配置效率的研究方法，依据构建指标体系所要遵循的科学性、系统性、可操作性等原则，选取合适的投入产出指标构建创新资源配置效率评价指标体系。因为创新活动具有

复杂性，所以笔者选取了如下重要变量，尝试测度创新资源配置的基本特征和整体情况。

创新投入指标。笔者沿用学术界主流思想，选取 R&D 人员全时当量和 R&D 资本存量两个投入指标。R&D 人员全时当量是用于衡量创新人力资源投入的国际上通用的指标，财力资源投入指标则是 R&D 资本存量。

创新产出指标。对于创新产出，已有研究大多采用专利申请数或专利授权数作为主要衡量指标，由于专利申请后仍需授权，笔者认为专利授权数（包括发明类、实用新型类、外观设计类）更具代表性，因此选取我国专利授权数来衡量各省科技创新的直接能力。然而，并不是所有的发明都申请了专利，专利数并不能体现创新成果的质量和商业化水平，因此选用技术市场成交合同额和高技术产业新产品销售收入来衡量各省份创新所带来的经济产出。其中，为消除价格因素的影响，提高数据在时间上的可比性，本部分均以 2009 年为基期，对高技术产业新产品销售收入用 PPI 指数进行平减，对技术市场成交合同金额用 CPI 指数进行平减。

（2）环境变量选取。DEA 模型测算的效率值不仅受投入产出指标的影响，还受环境变量的影响。环境变量的选取必须对决策单元有作用，且决策单元无法对其进行限制。笔者借鉴白俊红和蒋伏心（2011）的文献，选取了经济发展水平、政府支持程度、地方产业结构、地方人员素质和信息设施水平五个环境变量。

经济发展水平。区域的创新投入和经济发展水平密切相关。通常，一地区经济发展水平越高，其创新投入越多。考虑到经济发展水平和当地人口数量有一定关系，笔者使用 2009～2018 年各地区的人均 GDP 来代表经济发展水平，并用 GDP 缩减指数进行平减。

政府支持程度。地方政府在区域创新系统中的作用是为创新提供政策支持、公平的市场环境及税收优惠等。而政府的直接资助是一把"双刃剑"，虽然有利于企业缓解创新资金不足的压力，但过多的干预又可能使企业丧失创新的主体地位。本部分将各省份每年科技支出占财政支出总额的比重作为衡量指标。

地方产业结构。本部分用第三产业增加值占 GDP 的比重来衡量地方产业

结构。张子珍等（2020）对科技资源配置效率影响因素的研究结果表明，地方产业结构中第三产业增加值占 GDP 的比重越高，越有利于科技创新资源效率的提升。

地方人员素质。一般来说，劳动者素质越高，创新人才就越多，且越有能力进行创新生产活动，也越有利于进行吸收和利用其他地区的知识、技术。本部分选用各省份每年的劳动者平均受教育年限来表示劳动者素质水平。计算式：（具有小学学历的人数×6+具有初中学历的人数×9+具有高中学历的人数×12+具有中职学历的人数×12+具有专科学历的人数×15+具有大学本科学历的人数×16+具有研究生学历的人数×19）/6 岁以上人口总数。

信息设施水平。基于数据可得性和以往研究经验，本部分用邮电业务量占 GDP 的比重来衡量信息设施水平。

（3）数据来源。本部分所用创新资源数据来源于 2010～2019 年《中国科技统计年鉴》和《2009 年第二次全国 R&D 资源清查资料汇编》，环境变量数据来源于 2010～2019 年《中国统计年鉴》和《中国第三产业统计年鉴》。由于西藏地区数据缺失严重，加之未获得港澳台地区的数据，因此最后得到 30 个省份的数据。国家统计局划分了东部、中部、西部和东北地区四大经济区域，本部分将东北地区合并到东部地区，对东部、中部、西部地区分别进行比较研究。

（4）数据处理。本部分采用永续盘存法计算 R&D 资本存量，具体计算公式如下：

$$RDK_{it} = (1 - \theta_i) RDK_{it-1} + RDI_{it} \tag{6.11}$$

式中：RDK_{it} 为 i 省第 t 期的 R&D 资本存量；RDK_{it-1} 为 i 省第 $t-1$ 期的 R&D 资本存量；RDI_{it} 为 i 省第 t 期的实际新增 R&D 投资；θ_i 为 i 省 R&D 资产折旧率。该过程中涉及当期 R&D 投资、R&D 投资价格指数的构造、折旧率 θ_i 的设定及初始资本存量的计算，笔者将参照侯睿婕和陈钰芬（2018）的处理方式。在计算过程中缺失海南、宁夏、新疆的比例，均以全国比例进行替代，计算结果如表 6-7 所示。

表 6-7 中国 30 个省份相关年份 R&D 资本存量 单位：亿元

地区	2009 年	2010 年	2011 年	2012 年	2013 年	2014 年	2015 年	2016 年	2017 年	2018 年
全国	18511.34	20996.92	23769.01	27163.38	30947.63	34815.37	38811.50	42660.42	46240.87	49783.37
北京	2471.19	2678.70	2894.65	3164.22	3453.32	3731.34	4034.72	4332.17	4590.19	4756.13
天津	638.41	706.68	796.99	921.70	1062.49	1202.47	1363.56	1509.70	1555.36	1574.32
河北	409.07	463.62	531.95	612.65	711.22	813.71	932.16	1040.33	1150.58	1257.15
山西	371.76	386.38	407.82	435.67	475.65	510.11	522.76	528.21	534.97	549.19
内蒙古	190.49	213.69	244.58	281.53	320.63	355.75	395.27	432.09	442.86	450.62
辽宁	998.61	1061.73	1148.45	1232.06	1355.53	1430.60	1438.32	1448.70	1485.74	1510.28
吉林	474.35	462.53	456.34	464.74	474.78	498.63	514.36	518.57	522.83	499.20
黑龙江	698.82	684.33	671.64	667.53	673.80	676.11	682.89	679.30	658.03	625.01
上海	1481.10	1620.95	1792.95	1985.98	2201.30	2439.94	2721.38	2983.30	3213.75	3372.61
江苏	2133.52	2441.04	2776.22	3214.54	3719.44	4249.16	4854.91	5456.65	6017.83	6507.76
浙江	1228.35	1409.63	1606.08	1855.38	2124.62	2405.55	2711.50	3000.35	3251.59	3510.77
安徽	382.20	440.64	510.39	608.39	736.55	853.42	976.41	1091.79	1207.63	1353.35
福建	360.78	435.07	522.75	638.59	760.31	889.72	1007.51	1125.19	1237.21	1377.22
江西	215.78	244.56	270.35	301.54	339.37	378.73	422.26	483.73	553.64	656.89
山东	1665.64	1919.91	2206.42	2558.07	2948.60	3347.25	3749.31	4153.69	4528.94	4775.18
河南	551.87	624.55	710.37	807.97	918.01	1033.96	1149.95	1269.68	1384.65	1487.91
湖北	656.67	762.31	869.53	992.31	1136.15	1301.65	1463.55	1609.32	1765.19	1947.56
湖南	435.26	516.78	601.35	711.97	823.43	940.35	1064.51	1194.25	1357.30	1568.94
广东	1848.63	2199.10	2632.05	3132.94	3653.55	4174.70	4696.58	5181.52	5697.60	6418.57
广西	165.15	185.71	210.82	242.40	267.13	291.85	308.42	329.29	353.64	371.95
海南	16.85	19.80	24.09	29.93	35.91	41.62	47.09	52.05	56.31	62.23
重庆	208.23	251.40	305.09	367.17	421.58	479.08	548.00	624.80	718.68	834.93
四川	702.40	787.10	862.57	967.70	1089.41	1231.14	1396.47	1555.53	1698.87	1853.04
贵州	76.90	89.49	101.48	113.96	128.63	144.73	159.60	178.83	202.89	237.64
云南	103.12	122.21	144.13	171.73	201.29	229.57	265.14	306.77	350.94	401.65
陕西	685.09	743.63	794.52	871.24	968.94	1071.58	1169.21	1253.93	1317.53	1385.79
甘肃	145.81	155.96	163.09	177.69	193.34	212.54	236.22	260.12	273.55	280.87
青海	30.63	33.84	38.24	41.03	44.05	47.45	48.57	49.29	53.61	54.61
宁夏	29.01	32.62	37.08	42.54	48.13	55.16	60.94	68.13	78.46	92.84
新疆	81.13	89.42	97.39	108.21	120.52	133.25	149.17	166.69	177.44	183.74

6.3.4.2　指标选取与数据来源

本节运用 DEAP2.1 软件完成第一阶段面板 DEA-BCC 分析，使用 2 个投入指标和 3 个产出指标测算出的结果包含了外部环境的影响。第二阶段以第一阶段得到的松弛值为被解释变量、5 个环境变量为解释变量，构建面板 SFA 模型。第三阶段剔除外部环境的影响后，利用原始的产出和调整后的投入值构建投入导向的 DEA 模型，得到的效率即剔除了环境因素和随机误差影响后的效率值。

1. 第一阶段面板 DEA 分析

对所选指标进行 Pearson 相关性检验以确定指标是否存在正向性。检验结果如表 6-8 所示，30 个省份的投入产出指标间的 Pearson 相关系数均为正，且在 0.01 的显著性水平上通过检验，满足 DEA 模型使用要求。

表 6-8　投入指标和产出指标的 Pearson 相关系数　　　　单位：万元

投入指标		国内专利授权数	高技术产业新产品销售收入	技术市场成交合同额
R&D 人员 全时当量	Pearson 相关性	0.943 **	0.866 **	0.407 **
	显著性（双尾）	0.000	0.000	0.000
	N	300	300	300
R&D 经费存量	Pearson 相关性	0.856 **	0.774 **	0.618 **
	显著性（双尾）	0.000	0.000	0.000
	N	300	300	300

注：** 表示在 0.05 的水平下显著。

根据 2009~2018 年我国 30 个省份的投入产出数据，测算出不同年份在同一前沿面下的效率。本节考虑在产出不变的情况下，使投入最小，因此选择了投入导向、规模报酬可变的 BCC 模型。第一阶段测算的创新资源配置效率如表 6-9 所示，下面对结果进行具体分析。

表 6-9　第一阶段创新资源配置综合效率

地区	省份	2009 年	2010 年	2012 年	2013 年	2014 年	2015 年	2016 年	2017 年	2018 年	均值	名次
东部	北京	0.615	0.657	0.699	0.766	0.821	0.838	0.903	0.928	1.000	0.788	3
	天津	0.568	0.508	0.500	0.629	0.641	0.623	0.616	0.647	0.852	0.599	10
	河北	0.183	0.240	0.290	0.302	0.296	0.418	0.425	0.465	0.754	0.360	27
	上海	0.483	0.559	0.515	0.452	0.467	0.547	0.545	0.610	0.758	0.544	12
	江苏	0.499	0.658	1.000	0.784	0.626	0.747	0.680	0.642	0.839	0.735	4
	浙江	0.661	0.804	1.000	0.962	0.824	0.954	0.873	0.798	0.924	0.861	1
	福建	0.591	0.589	0.620	0.610	0.522	0.728	0.767	0.732	0.949	0.672	6
	山东	0.324	0.406	0.445	0.414	0.388	0.505	0.505	0.516	0.648	0.454	17
	广东	0.658	0.862	0.796	0.809	0.780	0.833	0.963	1.000	1.000	0.851	2
	海南	0.386	0.406	0.364	0.399	0.379	0.438	0.380	0.410	0.598	0.411	22
	辽宁	0.232	0.307	0.374	0.347	0.303	0.452	0.446	0.465	0.570	0.386	25
	吉林	0.127	0.144	0.178	0.197	0.202	0.269	0.322	0.384	0.609	0.260	29
	黑龙江	0.144	0.167	0.467	0.475	0.373	0.505	0.496	0.582	0.793	0.428	19
中部	山西	0.104	0.154	0.229	0.263	0.257	0.351	0.341	0.361	0.515	0.273	28
	安徽	0.258	0.389	0.742	0.702	0.626	0.688	0.681	0.630	0.816	0.620	9
	江西	0.174	0.234	0.336	0.369	0.480	0.775	0.928	0.798	0.930	0.529	13
	河南	0.227	0.274	0.337	0.601	0.648	0.747	0.672	0.677	0.779	0.524	14
	湖北	0.236	0.283	0.329	0.402	0.437	0.517	0.514	0.540	0.664	0.420	21
	湖南	0.237	0.296	0.355	0.371	0.384	0.462	0.451	0.455	0.504	0.382	26
西部	内蒙古	0.111	0.149	0.309	0.163	0.165	0.215	0.220	0.288	0.578	0.233	30
	广西	0.163	0.198	0.245	0.304	0.347	0.524	0.553	0.616	0.765	0.393	23
	重庆	0.459	0.590	0.658	0.705	0.660	0.987	0.963	0.783	0.762	0.720	5
	四川	0.365	0.570	0.642	0.629	0.593	0.834	0.753	0.672	0.843	0.642	7
	贵州	0.304	0.397	0.559	0.655	0.733	0.908	0.644	0.733	1.000	0.632	8
	云南	0.317	0.334	0.414	0.393	0.417	0.484	0.448	0.477	0.612	0.421	20
西部	陕西	0.143	0.211	0.337	0.438	0.478	0.572	0.798	0.584	0.690	0.452	18
	甘肃	0.225	0.245	0.370	0.446	0.446	0.491	0.513	0.635	0.966	0.462	16
	青海	0.255	0.294	0.376	0.469	0.459	0.703	0.844	0.891	1.000	0.565	11
	宁夏	0.339	0.357	0.221	0.260	0.277	0.357	0.457	0.639	0.761	0.388	24
	新疆	0.229	0.295	0.327	0.466	0.494	0.763	0.620	0.786	0.949	0.521	15

由表6-9可以看出，2009~2018年我国的区域创新资源配置效率平均值为0.517，总体水平不高，但较曹荣荣（2018）的结论，即2008~2016年的创新效率均值为0.448，已有所提升。从整体排名来看，排名前五的省份依次为浙江、广东、北京、江苏和重庆，效率值均超过0.7，且前四名均位于东部地区，说明这些地区创新资源的投入比例和配置结构比较合理，资源利用率较高。

分地区来看，东部地区的效率均值最高，为0.565；其次是西部，为0.494，中部地区的效率较低，只有0.458。其中，东部地区的大部分省份效率较高、综合排名靠前，但其内部差距较大。西部地区的重庆、四川、贵州和青海排名较为靠前。中部六省中只有安徽的效率较高，为0.620。

进一步将综合效率分解为纯技术效率和规模效率，分析2018年30个省份的技术管理水平和规模水平对综合效率的影响，如表6-10所示。2018年我国30个省份的综合效率的均值为0.773，纯技术效率的均值为0.821，规模效率的均值为0.951，这说明我国创新资源配置效率较低主要是由技术管理水平低下导致的。

表6-10　第一阶段2018年创新资源配置效率分解

地区	省份	综合效率	纯技术效率	规模效率	规模报酬
东部	北京	1.000	1.000	1.000	—
	天津	0.852	0.915	0.931	drs
	河北	0.754	0.770	0.979	drs
	上海	0.758	0.826	0.918	drs
	江苏	0.839	0.847	0.990	drs
东部	浙江	0.924	0.977	0.946	drs
	福建	0.949	0.950	0.999	irs
	山东	0.648	0.672	0.964	drs
	广东	1.000	1.000	1.000	—
	海南	0.598	0.825	0.726	irs
	辽宁	0.570	0.616	0.925	drs
	吉林	0.609	0.707	0.862	drs
	黑龙江	0.793	0.811	0.978	drs

续表

地区	省份	综合效率	纯技术效率	规模效率	规模报酬
中部	山西	0.515	0.529	0.975	drs
	安徽	0.816	0.827	0.986	drs
	江西	0.930	0.932	0.998	irs
	河南	0.779	0.781	0.997	irs
	湖北	0.664	0.756	0.879	drs
	湖南	0.504	0.516	0.977	drs
西部	内蒙古	0.578	0.595	0.971	irs
	广西	0.765	0.767	0.998	irs
	重庆	0.762	0.767	0.994	drs
	四川	0.843	0.910	0.926	drs
	贵州	1.000	1.000	1.000	—
	云南	0.612	0.614	0.997	drs
	陕西	0.690	0.842	0.820	drs
	甘肃	0.966	1.000	0.966	drs
	青海	1.000	1.000	1.000	—
	宁夏	0.761	0.892	0.853	irs
	新疆	0.949	0.972	0.976	irs
均值		0.773	0.821	0.951	

注："irs"表示规模报酬递增,"drs"表示规模报酬递减,"—"表示规模报酬不变。

从纯技术效率角度来分析,东部地区纯技术效率为 0.840,中部地区纯技术效率为 0.724,西部地区纯技术效率为 0.851,区域差异明显。东部地区中河北、山东和东三省的纯技术效率值均低于全国平均水平。中部的安徽和江西达到全国平均水平。西部一些省份需要提高技术水平,增加资源利用率来提高资源配置效率。此外,甘肃的纯技术效率为 1,说明其纯技术水平较高。

从规模效率角度来分析,三大地区的规模效率差距较小:中部地区规模效率最高,为 0.969;西部地区略低,为 0.955;东部地区最低,为 0.940。东部地区的综合效率最高,而规模效率低于中部和西部地区,说明其资源利用率普遍较高,但生产规模不合理。中部六省中五个省份的规模效率均高于全国平均水平。

西部地区多数省份规模效率较高，其中青海和贵州达到规模最优状态。此外，从整体情况来看，目前处于规模报酬不变的省份有北京、贵州、广东和青海。

由图 6-5 可以看出，2009 年我国在经历了国际金融危机后，整体创新资源配置效率较低，且东部、中部、西部地区差异明显，其中东部地区明显领超全国平均水平，中部、西部地区均低于全国平均水平，且西部地区创新资源配置效率高于中部地区。2009～2014 年，中部、西部快速发展，逐年缩小与东部地区的差距；到 2014 年，中部、东部、西部地区差距明显缩小。2014～2015 年，三大地区齐头并进，到 2015 年，效率值均达到 0.6 左右。2015～2016 年，三大地区的效率值略有提升。2016～2018 年，西部地区的效率值迅速增长，且有赶超东部地区的趋势，东部地区和西部地区基本与全国水平一致，唯有中部地区还较为落后。

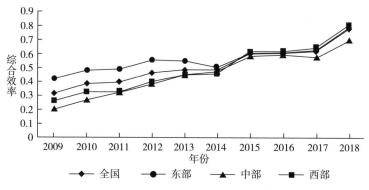

图 6-5　2009～2018 年我国地区创新资源配置效率（第一阶段）

2. 第二阶段面板 SFA 分析

由于各省份的经济发展水平不同，不同决策单元之间的外部环境差异很大，为对第一阶段的测试进行进一步修正，采用面板 SFA 对第一阶段得到的松弛值进行分解，即以投入变量的冗余值为被解释变量、5 个环境变量为解释变量，分别对两个投入冗余构建面板 SFA 进行分析，最终剔除环境因素的影响，得到更客观公正的效率值。

如表 6-11 所示，R&D 全时当量投入冗余和 R&D 资本存量投入冗余的 LR 单边检验值分别为 179.21 和 282.87，均在 0.05 的显著性水平上通过检验，表明存在环境因素的影响，构建面板 SFA 模型是合理的。二者的 γ 值分别为 0.79 和 0.87，且均通过 5% 的显著性检验。γ 值为管理无效率的方差占混合误差项的方差的比例，也就是说 γ 越接近 1，说明管理无效率对投入变量冗余值的影响越大。由此可以看出，管理无效率对 R&D 全时当量冗余和 R&D 资本存量冗余的影响都很大。在两个回归方程中，所有系数均在 0.05 的显著性水平上通过检验，表明所选的 5 个环境变量均对投入冗余产生影响。由 SFA 的原理可知，若系数为正，则表示环境变量增加导致投入冗余增加，不利于创新效率的提升；若系数为负，则表示环境变量增加导致投入冗余减少，有利于创新效率的提升。

表 6-11 第二阶段面板 SFA 测算结果

指标	R&D 全时当量投入冗余		R&D 资本存量投入冗余	
	系数	t 值	系数	t 值
常数项	74189.08	2645.61	10372459.00	10372459.00
经济发展水平	1150.63	2.84	1449868.50	1449868.40
政府支持程度	8180.22	10.63	339124.34	339124.34
地方产业结构	−658.28	−4.00	−91102.61	−91102.17
地方人员素质	−4974.41	−15.78	−1333905.40	−1333905.20
信息设施水平	−1761.23	−3.71	−305518.86	−305518.31
γ 值	0.79	44.18	0.87	73.85
Log 值	−348.11		−4871.44	
LR 单边检验	179.21		282.87	

综上所述，各指标具体分析如下。

经济发展水平。该指标以人均 GDP 来衡量，可以看出，其对两个投入冗余变量的系数都为正，说明在创新活动过程中，人均 GDP 的增加会使 R&D 全时当量和资本存量冗余值增加，而不利于创新效率的提高，这与之前的假设不符。一些经济发展水平高的省份，吸引了大量人才，投入了过多财力，但是这些投入并没有转化为科技产出，造成了投入浪费，导致效率不高。

政府支持程度。政府支持程度对两个投入冗余的系数都为正，说明政府创新支持的增加会使 R&D 全时当量和资本存量投入冗余值增加。造成这个现象的原因可能在于：第一，政府干预阻碍了创新要素的自由流动，造成要素成本增加，资源配置效率不高。第二，政府财政科技支出超过一定程度后，对企业或私人投资产生挤占效应，不利于整体创新资源配置效率的提高。第三，根据 Baumol（1986）的研究，创新资源的不合理分配会导致部分高才者产生寻租行为，即当政府投入资金充裕时，这些创新活动的主体并没有将经费用于科技研发，而是据为己有，作为私人消费，从而导致低产出。

地方产业结构。在上述两个模型中，产业结构的系数都为负，表明产业结构的升级可以减少投入冗余，促进创新资源配置效率的提升。这一指标是用第三产业增加值占 GDP 的比例来衡量的，反映的是地区高技术产业的发展。高技术产业具有高技术密集性、高成长性和高效益性等特征，容易产生知识的集聚和技术的扩散效应，能有效提高科技创新资源配置效率。

地方人员素质。人员素质对 R&D 全时当量和资本存量的系数都为负，表明地区人均受教育年限提高，相应的劳动者素质就会提高，能通过一定的技术手段将投入转化为有效产出，有利于减少投入冗余，提高创新效率。

信息设施水平。系数均为负，表明信息设施水平的完善程度越高，越有利于减少创新资源的浪费，即基础设施建设越完善，信息交流越便捷，区域创新人才流动、资金流动和技术扩散越自由，越能促进创新活动的顺利开展。

3. 第三阶段面板 DEA 分析

第二阶段已经证明了外部环境和随机误差会对创新资源配置效率产生影响，因此需要通过调整计算式，剔除这些影响因素。第三阶段用新的投入数据和原始产出重新构建 DEA-BCC 投入导向模型，对 30 个省份创新资源配置效率进行重新测算，得到更加真实客观的结果，并将其与第一阶段的测算结果进行对比。

（1）第一阶段与第三阶段对比。表6-12所列为剔除环境变量前后测得的 2009~2018年我国30个省份的平均创新资源配置效率值。对比第一阶段，调整后的全国平均综合效率值从0.517下降到0.324，纯技术效率值由0.576上升到0.921，规模效率由0.902下降到0.354。这说明第一阶段未考虑外部环境条件和随机误差的影响，使外部环境条件较差地区的规模效率被高估。将30个省份放到同一环境下，纯技术效率都接近有效，因此30个省份的综合效率主要由规模效率决定。

表6-12 第一、第三阶段创新资源配置效率比较及位次变化

地区	省份	第一阶段			第三阶段			位次变化		
		TE	PTE	SE	TE	PTE	SE	TE	PTE	SE
东部	北京	0.788	0.862	0.910	0.833	0.941	0.880	1	−12	18
	天津	0.599	0.629	0.954	0.421	0.989	0.424	1	12	2
	河北	0.360	0.370	0.965	0.250	0.854	0.291	10	0	−5
	上海	0.544	0.585	0.930	0.544	0.898	0.605	7	−5	12
	江苏	0.735	0.738	0.996	0.776	0.878	0.879	0	−18	−1
	浙江	0.861	0.870	0.991	0.870	0.972	0.894	0	−4	3
	福建	0.672	0.687	0.977	0.415	0.967	0.427	−4	2	−1
	山东	0.454	0.459	0.991	0.470	0.732	0.639	10	−8	−2
	广东	0.851	0.853	0.998	0.798	0.939	0.844	−1	−12	−3
	海南	0.411	0.777	0.537	0.026	0.953	0.027	−8	−6	0
	辽宁	0.386	0.408	0.949	0.293	0.869	0.336	10	−1	0
	吉林	0.260	0.282	0.936	0.126	0.913	0.137	6	10	−8
	黑龙江	0.428	0.434	0.989	0.215	0.895	0.237	0	2	−14
中部	山西	0.273	0.284	0.941	0.125	0.890	0.139	4	−8	−8
	安徽	0.620	0.630	0.979	0.443	0.945	0.465	1	−1	−1
	江西	0.529	0.548	0.935	0.232	0.957	0.237	−5	7	−1
	河南	0.524	0.535	0.974	0.345	0.875	0.387	1	−7	−3
	湖北	0.420	0.486	0.890	0.375	0.842	0.434	10	−8	13
	湖南	0.382	0.391	0.974	0.274	0.823	0.333	10	−3	−5

续表

地区	省份	第一阶段			第三阶段			位次变化		
		TE	PTE	SE	TE	PTE	SE	TE	PTE	SE
西部	内蒙古	0.233	0.263	0.859	0.076	0.986	0.077	3	27	−2
	广西	0.393	0.426	0.887	0.141	0.942	0.148	3	10	3
	重庆	0.720	0.733	0.979	0.322	0.962	0.333	−9	−2	−7
	四川	0.642	0.656	0.980	0.473	0.925	0.507	1	−7	−1
	贵州	0.632	0.708	0.871	0.136	0.965	0.140	−13	0	2
	云南	0.421	0.460	0.907	0.133	0.935	0.143	−2	4	0
	陕西	0.452	0.549	0.840	0.358	0.888	0.392	6	−7	14
	甘肃	0.462	0.502	0.914	0.111	0.948	0.118	−9	7	−6
	青海	0.565	0.901	0.614	0.032	0.988	0.032	−18	−1	−1
	宁夏	0.388	0.659	0.568	0.034	0.980	0.035	−4	6	1
	新疆	0.521	0.609	0.816	0.087	0.977	0.088	−11	9	1

注：位次变化为负说明退步，为正说明进步。

整体来看，第三阶段综合效率排名前五的省份依次为浙江、北京、广东、江苏和上海，效率值均超过0.5，且都属于东部地区。其中，重庆为第一阶段测得的第五名，这里变成了上海；前四名都没有变化，只是北京从第三名变成第二名，而广东从第二名变成第三名。在30个省份中，有16个省份综合效率上升，3个省份位次未变，11个省份综合技术下降；12个省份纯技术效率上升，2个省份未变，16个省份下降；10个省份规模效率上升，3个省份未变，17个省份下降。

分区域来看，三大地区的各类效率值呈现不同的特点，其中综合效率值均有所降低，且调整后的中部地区效率值大于西部地区，居第二位。东部地区由0.565变为0.464；其次是中部地区，为0.299；西部地区最低，只有0.173。纯技术效率与第一阶段的排名一致。规模效率值从大到小依次是东部地区、中部地区和西部地区。经过第二阶段的调整，东部地区的规模效率排名有了明显提升，中部地区综合效率排名有所提升。

（2）我国创新资源配置效率特征。将2009~2018年我国各地区创新资源配置综合效率值做成折线图，如图6-6所示。对比第一阶段折线图（见图6-5），可以看出东部、中部、西部地区差异明显，东部地区一直处于领先地位，且在2014年差距并没有缩小。在这几年里，全国的效率值都呈现上升趋势，中部地区的增长速度最快，从2009年略高于西部地区，到2018已经远远超过西部地区，且与东部地区的差距也逐年减小。值得一提的是，2016年中部地区效率值超过全国平均水平，意味着我国创新效率由东部地区领先变成东部地区和中部地区共同拉动。

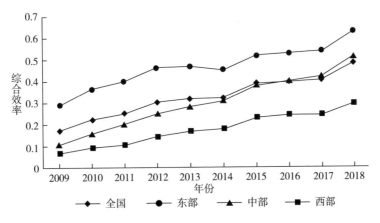

图 6-6　2009~2018 年我国地区创新资源配置效率（第三阶段）

如表 6-13 所示，2018 年各省份的综合效率、纯技术效率、规模效率及规模报酬都发生了变化，其中，纯技术效率上升至 0.946，规模效率降低到 0.508，二者共同作用导致综合效率降低为 0.438。规模效率有效的省份为北京、广东，其余省份均为规模报酬递增。纯技术效率有效的省份为北京、天津、广东和浙江，但是由于天津和浙江的规模效率无效，它们的综合效率不为 1，说明这两个省份的技术水平较高，应该扩大生产规模，以提高资源配置效率。

表 6-13　第三阶段 2018 年创新资源配置效率分解

地区	省份	综合效率	纯技术效率	规模效率	规模报酬
东部	北京	1.000	1.000	1.000	—
	天津	0.601	1.000	0.601	irs
	河北	0.507	0.931	0.544	irs
	上海	0.746	0.969	0.770	irs

续表

地区	省份	综合效率	纯技术效率	规模效率	规模报酬
东部	江苏	0.915	0.941	0.972	irs
	浙江	0.974	1.000	0.974	irs
	福建	0.728	0.995	0.731	irs
	山东	0.697	0.844	0.826	irs
	广东	1.000	1.000	1.000	—
	海南	0.050	0.902	0.056	irs
	辽宁	0.421	0.887	0.474	irs
	吉林	0.271	0.951	0.285	irs
	黑龙江	0.277	0.941	0.295	irs
中部	山西	0.223	0.902	0.247	irs
	安徽	0.655	0.986	0.664	irs
	江西	0.527	0.985	0.535	irs
	河南	0.599	0.930	0.644	irs
	湖北	0.654	0.951	0.687	irs
	湖南	0.423	0.801	0.529	irs
西部	内蒙古	0.141	0.969	0.145	irs
	广西	0.270	0.949	0.284	irs
	重庆	0.462	0.935	0.494	irs
	四川	0.718	0.966	0.743	irs
	贵州	0.284	0.958	0.296	irs
	云南	0.258	0.895	0.288	irs
	陕西	0.567	0.954	0.594	irs
	甘肃	0.224	0.932	0.240	irs
	青海	0.065	0.950	0.068	irs
	宁夏	0.091	0.976	0.093	irs
	新疆	0.147	0.975	0.151	irs
均值		0.483	0.946	0.508	—

注："irs"表示规模报酬递增，"—"表示规模报酬不变。

综合效率和规模效率的空间分布特征较为相似。从综合效率来看，北京、广东、江苏和浙江处于第一层级，效率值最高。整个东南地区（除了海南）在江浙和广东的带领下，效率值也都在第二层级。此外，长江流域经济带偏北的一些省份综合效率也比较高。从规模效率来看，山东、江苏、上海、广东四个东部沿海地区和北京的效率值处于最高层级，均大于 0.826。第二层级有 13 个省份，分布在东部地区和长江流域。

6.4 本章小结

本章利用 Lilien 指数、Hsieh 和 Klenow（2009）的资源错配理论框架，以及创新资源综合配置效率指数分别从单一创新资源和多资源配置效率的角度出发，对我国各区域、各行业创新资源的配置状况进行了测度。其中，创新资源配置的 Lilien 指数侧重在不考虑产出的前提下，基于区域和产业的单一资源结构性配置进行动态测度；创新资源错配系数是考虑投入和产出并依据生产函数中各创新资源的弹性系数进行单一资源的错配测算；创新资源综合配置效率是综合考虑创新资源投入产出并借鉴 Mulmquist 指数法和三阶段 DEA 法进行测算。无论哪种测度方法，都显示了我国创新资源配置存在区域性、行业间的错配，并且东部、中部、西部地区之间差异明显，这种错配直接与我国经济增长的区域、行业非均衡现象密切相关，也直接对区域、行业的发展产生了进一步的影响。而山西省与其他各省份对比，优势并不明显，这种配置现状与我国经济转型中的产业结构优化升级之间存在怎样的关联性？笔者将在第 7 章进行进一步的讨论。

7 山西省生产要素配置与产业转型耦合协调性研究

    本章首先对山西省及其各地市第一、第二、第三产业结构的增加值变化进行了描述性分析;其次从投资和从业人员两个方面研究生产要素结构的变化,深入了解生产要素跨产业流动的状况;最后从产业结构合理化和高级化两个角度测度山西省的产业转型发展的实际情况,以期分析山西省分区域产业转型的状况及其与要素资源配置之间的关系。本章使用的数据主要来源于2000~2023年《山西统计年鉴》,以及2000~2022年山西省各地市《国民经济和社会发展统计公报》。

7.1 山西省产业结构的时空动态演进

    产业结构演进通常表现为三次产业的增加值比例从"一二三"逐渐转变为"三二一",即产业结构中主导产业的演替,通常用三次产业增加值构成作为产业结构演进的测度指标。本节通过描绘山西省及各地市分产业增加值结构的演变历史,帮助读者形成对山西省及各地市产业结构演进的初步认识。根据数据的可获性,山西省及其各地市三次产业的增加值占比结构的数据范围为2000~2022年。结果如图7-1所示。

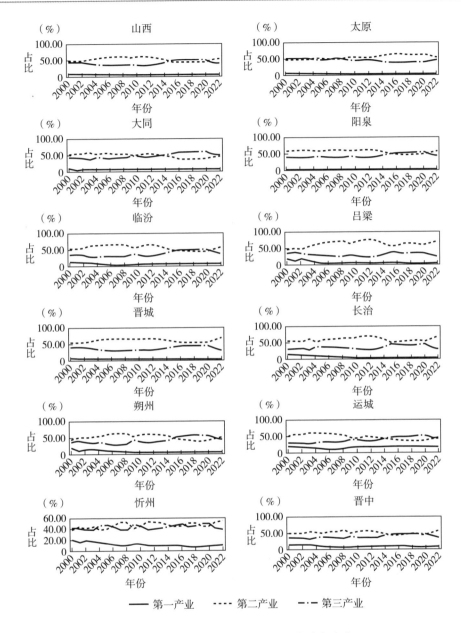

图 7-1　山西省及各地市产业结构的动态演进

从图 7-1 中可以看出，2000~2022 年，山西省的产业结构并没有发生显著变化；2002~2014 年，第二产业的增加值占据主导地位。在三次产业中，第一产业增加值占比基本呈现单一平稳的下降趋势；第二产业和第三产业增加值占比处于波动状态，二者基本处于平衡状态。对于山西省各地市来说，临汾、吕梁、长治、晋城、晋中、阳泉在2000~2022年增加值比例呈现"二三一"结构；太原、大同、运城、朔州在2000~2022年的增加值比例的浮动较为相似，由原来的"二三一"变为"三二一"；忻州的增加值比例持续波动，但主要还是第二产业处于优势，可见虽然经过"十二五""十三五"两个阶段的转型调整，山西省大部分地区仍然以第二产业为主导，第三产业处于比较落后的状态，这种落后的产业结构对生产要素的配置会产生相应的影响。

7.2 山西省生产要素投入结构的时空动态演进

生产要素指进行物质生产所必需的一切要素。随着经济和科技的发展，生产要素不仅包括劳动力、土地、资本和企业家才能，还包括技术和信息。因为劳动力和资本是影响产业结构最主要的要素，同时劳动力和资本投入比其他生产要素投入更适合量化。受数据限制，本章只考虑劳动力和资本两种生产要素。

7.2.1 山西省劳动力要素结构的时空动态演进

基于数据的可得性和匹配性，本章选择山西省及各地市三次产业从业人员数作为衡量劳动力投入的指标。山西省劳动力要素结构变化趋势如图7-2所示。

从图7-2中可以看出，2000~2022年，山西省第一产业的从业人数持续下降，第三产业的从业人数稳步上升，劳动力从第一产业持续稳定地流向第三产业，并且近年来第三产业的从业人员数量逐渐接近顶峰，劳动力要素结构正在从"一三二"向"三一二"转变，第三产业在吸纳劳动力方面发挥着越来越重要的作用。综合山西省11个地市的劳动力结构变化，2000~2022年，第一产业的劳动力人口占比虽变化不大，但仍存在上升的变化趋势；第二产业的人数占比逐渐下降；第三产业的从业人员数占比呈现上升趋势。这也表明，山西省第二产业为劳动力流出产业，第一、第三产业为劳动力流入产业。

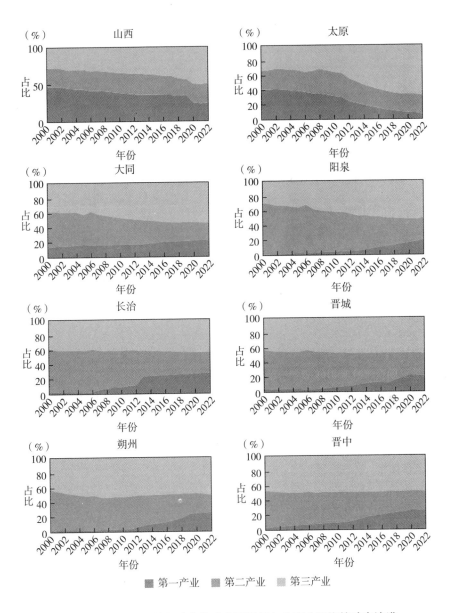

图7-2 山西省及其各地市劳动力要素投入分产业结构的动态演进

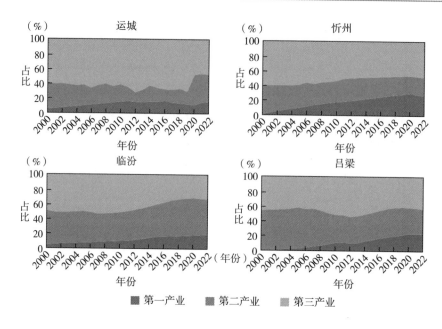

图7-2 山西省及其各地市劳动力要素投入分产业结构的动态演进（续）

7.2.2 山西省资本要素投入结构的时空动态演进

资本要素的数据选取山西省各地市各产业固定资产投资，受数据可获得性限制，数据范围选取2000~2022年，各地市数据范围选取2000~2022年，数据来自《山西统计年鉴》。经计算，山西省三次产业资本结构的变化情况如图7-3所示。

由图7-3可以看出，2000~2022年山西省资本结构由"二三一"转变为"三二一"，固定资本投资大致呈现从第二产业转移至第三产业和第一产业的趋势。从11个地市2000~2022年的资本结构来看，每个地市的资本结构并没有出现实质性的变化，而是在内部出现波动，资本流动状况与山西省总体保持一致的趋势。近年来，第三产业的固定资产投资持续上升，表明人们对服务业的需求不断增加，一些传统服务业不断吸引资本投入，资本结构基本表现为"三二一"。

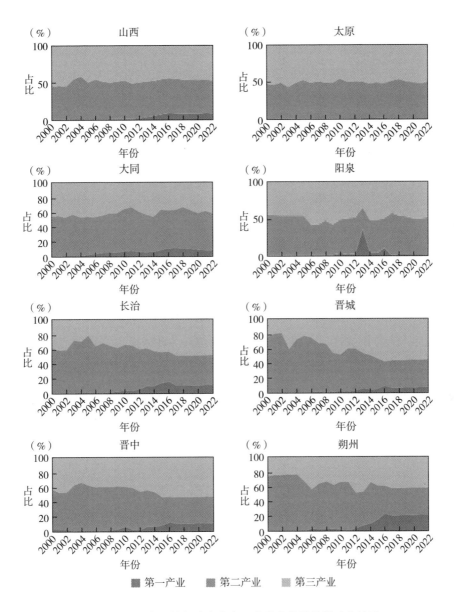

图7-3 山西省及其各地市资本要素分产业结构的动态演进

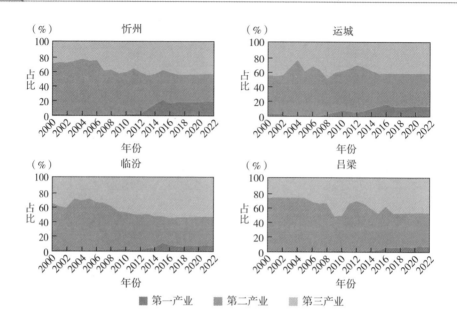

图7-3 山西省及其各地市资本要素分产业结构的动态演进（续）

综合以上分析发现，山西省资本投入结构与劳动力投入结构的变化共同推动三次产业增加值占比发生变化。劳动力和资本从第二产业流入第三产业，带来的是第二产业增加值占比的下降和第三产业增加值占比的上升。虽然山西省第三产业发展加速，但第二产业增加值占比依然很高，只是近年来也出现走下坡路的现象。此外，第一产业所占比重持续下降。

7.3 山西省产业结构合理化评估

从产业结构的动态发展角度来看，产业结构演进存在合理化和高级化两个维度。产业结构合理化是指为提高经济效益，在一定的经济发展基础上根据当地的资源及环境条件对不合理的产业结构进行调整，使三次产业之间协调发展；产业结构高级化是一国国民经济的产业结构从以劳动密集型产业为主的低级结构，向以知识、技术密集型产业为主的高级结构调整和转变的过程及趋势。因此，本节将从合理化和高级化两个角度测度山西省的产业结构演进,进一步探讨生产要素投入与产业结构变化之间的关系。

7.3.1 产业结构合理化测度模型

产业结构合理化同时反映了产业之间的协调程度和要素资源配置效率,因此测度合理化的模型应该反映生产要素结构与产出结构之间的耦合度。由于在不同时期内三次产业对总产出的贡献程度不同,因此选用泰尔指数对山西省产业结构合理化进行测度更符合实际情况。

泰尔指数通常被用来衡量个人或地区之间的收入差距。但是,在对实际问题的研究过程中发现,泰尔指数也可应用于反映要素结构与产出结构的协调程度,同时将不同产业的贡献纳入考虑范围之内。因此,泰尔指数也常被用于衡量产业结构合理化。

泰尔指数计算公式为

$$TL = \sum_{i=1}^{3} \left[\left(\frac{Y_i}{Y} \right) \ln \left(\frac{Y_i}{L_i} \Big/ \frac{Y}{L} \right) \right] \qquad (7.1)$$

式中:Y 为增加值;L 为从业人员数量;i 为第 i 产业;Y_i/Y 能够衡量第 i 产业在产业结构中的重要性;Y_i/L_i 为第 i 产业的劳动生产率;Y/L 为经济总体的生产率。当各产业生产率水平相同时,经济达到均衡状态,此时 $TL=0$,产业结构合理;反之,当 $TL \neq 0$ 时,经济处于失衡状态,产业结构不合理。

7.3.2 山西省各地区产业结构合理化测度

根据泰尔指数计算山西省产业结构合理化,结果如图7-4、图7-5所示。

从图7-4可以看出,2000~2022年山西省产业结构不均衡,产业结构不合理,总体呈现倒"U"形,即先上升后下降,但近几年又出现上升趋势。山西省11个地市2000~2022年的泰尔指数值先下降后上升,变化趋势基本一致,但数值的大小存在差异(见图7-5),产业结构不合理的现象仍然存在,并有逐渐加剧的趋势。

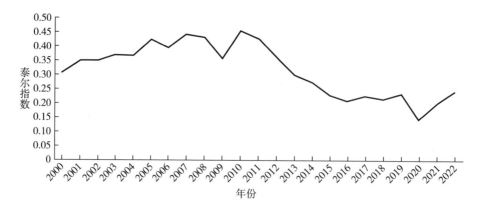

图 7-4　2000~2022 年山西省产业结构泰尔指数变化

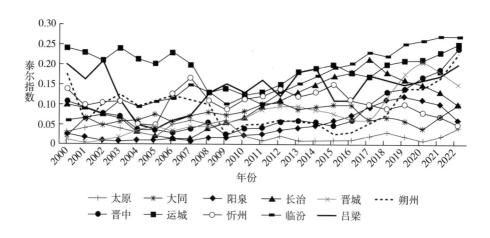

图 7-5　2000~2022 年山西省各地市泰尔指数变化

7.4　山西省产业结构高级化评估

7.4.1　产业结构高级化测度模型

从产业结构演进的角度来看，产业结构高级化是产业结构从以劳动密集型产业为主的低级结构，向以知识、技术密集型产业为主的高级结构调整和转变的过程及趋势。随着经济水平和科学技术的发展，产业结构朝着高级结构不断推进，而随着社会的发展，商品生产所需要的必要劳动时间也会大大缩短，生产率会逐步提高。因此，生产率是体现产业结构高级化的一个重要指标，但各产业的增加值占总体增加值大小不同，对于产业结构高级化的测量存在一定的影响。因此，测度产业结构高级化水平应将产业的增加值比例及生产率纳入其中。

基于以上原因，本章借鉴周昌林和魏建良（2008）提出的测度模型来测度山西省的产业结构高级化。产业结构高级化测度公式为

$$H_t = \sum_{i=1}^{3} (\alpha_{it} \times LP_{it}) \tag{7.2}$$

式中：H_t 为 t 时期的产业结构高级化指数；α_{it} 为 t 时期的第 i 产业增加值占当期 GDP 的比例；LP_{it} 为 t 时期的第 i 产业的劳动生产率，可用来衡量该产业的高级化水平。各产业高级化是指各产业均由低层次向高层次转变，从其表现形式来看，其最终结果和集中体现是各产业的劳动生产率提升。因此，本章使用各产业的劳动生产率作为衡量各产业高级化水平的指标。

为使产业结构高级化水平具有可比性，同时帮助我们作出更准确的判断，本章对劳动生产率 LP_{it} 进行标准化，标准化公式为

$$LP_{it}^N = \frac{LP_{it} - LP_{ib}}{LP_{ia} - LP_{ib}} \tag{7.3}$$

式中：LP_{it}^N 为经过标准化处理的劳动生产率；LP_{ib} 为山西省第 i 产业在 1985~2017 年的最小劳动生产率；LP_{ia} 为 2018 年全国 31 个省份第 i 产业的最高劳动生产率。因此，修正后的产业结构高级化测度公式为

$$H_t = \sum_{i=1}^{3} (\alpha_{it} \times LP_{it}^N) \tag{7.4}$$

将数据代入后得到目标经济体的产业结构高级化指数，根据表 7-1 对目标经济体的产业结构高级化水平作出判断。目标经济体的产业结构高级化指数越接近 1 或大于 1，该经济体的产业结构高级化水平越高。

表7-1 产业结构高级化水平判断标准

产业结构高级化指数	结果
(−∞, 0]	经济体尚未开始工业化，产业结构高级化处于工业化开始前的水平
(0, 1)	经济体进入工业化时代，产业结构高级化处于工业化阶段的水平
1	经济体完成工业化，产业结构高级化达到工业化完成时的水平
(1, +∞)	经济体进入后工业化时代，产业结构高级化水平很高

资料来源：周昌林，魏建良. 产业结构水平测度模型与实证分析：以上海、深圳、宁波为例［J］. 上海经济研究，2007（6）：15-21.

7.4.2 山西省各地市产业结构高级化测度

根据产业结构高级化公式计算得到山西省产业结构高级化指数，如图7-6所示。

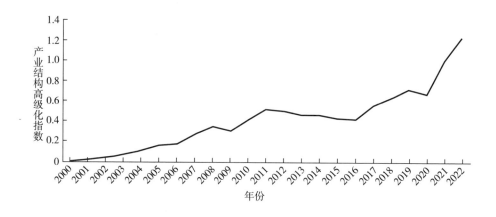

图7-6 山西省产业结构高级化指数趋势

如图7-6所示，在不同时间段内，山西省产业结构高级化进程快慢存在较大差别。2000~2006年，山西省的产业结构高级化水平提升速度缓慢，而在2006年以后，高级化水平速度提升，并在2021年完成了工业化。2011~2016年，山西省产业结构高级化水平开始下降，但下降幅度不大，在2016年时逐渐恢复，并在最近几年开始飞速上涨。从经济总体的视角来看，山西省产业结构高级化从工业化开始前的水平逐渐演进到后工业化的水平，在2021年山西省已经完成了工业化。具体来看，山西省各地市的高级化值均处于1以下（见图7-7）。

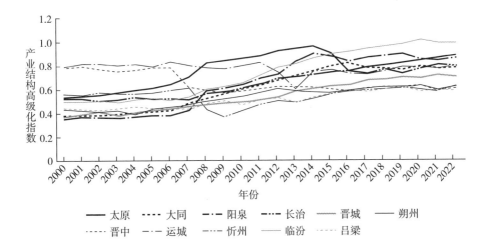

图7-7 山西省各地市产业结构高级化指数变化

如图7-7所示，山西省各地市经济体进入工业化时代，产业结构处于工业化阶段的水平。通过对山西省2017年的产业结构高级化进行分解发现（见表7-2），各地市的第一、第二、第三产业增加值占GDP的比重差异较小，第一、第二产业的高级化都处于低水平，所以，带动山西省产业结构高级化的因素主要是第三产业的结构高级化。

表7-2 山西省各地市产业结构高级化因素分解

地区	第一产业的 LP_{it}^N	第一产业增加值占GDP的比重/%	第二产业的 LP_{it}^N	第二产业增加值占GDP的比重/%	第三产业的 LP_{it}^N	第三产业增加值占GDP的比重/%	产业结构高级化 H
太原	0.73	0.01	0.33	0.45	1.15	0.54	0.78
大同	0.52	0.03	0.41	0.53	1.21	0.44	0.77

地区	第一产业的 LP_{it}^N	第一产业增加值占 GDP 的比重/%	第二产业的 LP_{it}^N	第二产业增加值占 GDP 的比重/%	第三产业的 LP_{it}^N	第三产业增加值占 GDP 的比重/%	产业结构高级化 H
阳泉	0.16	0.01	0.34	0.57	1.61	0.42	0.88
长治	0.35	0.04	0.46	0.57	0.18	0.38	0.35
晋城	0.33	0.03	0.49	0.63	1.06	0.34	0.68
朔州	0.43	0.06	0.50	0.59	0.83	0.35	0.61
晋中	0.47	0.07	0.32	0.53	1.01	0.41	0.61
运城	0.39	0.07	0.48	0.57	1.20	0.36	0.73
忻州	0.33	0.08	0.26	0.40	0.84	0.52	0.57
临汾	0.35	0.03	0.88	0.64	1.20	0.33	0.96
吕梁	0.20	0.04	0.45	0.65	0.82	0.32	0.56

结合表 7-2 及图 7-8、图 7-9、图 7-10 可以看出,2000~2022 年山西省各市三次产业的结构高级化趋势基本一致,第一产业的结构高级化呈现下降趋势,第二、第三产业的结构高级化均呈上升趋势。从上述生产要素结构分析来看,第二产业是劳动力和资本的流出部门,因而第二产业科学技术水平低是直接原因,需加大对第二产业的科学技术投入,使科技成为生产过程中的重要投入要素。

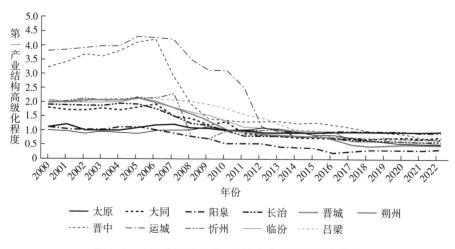

图 7-8 山西省各地市第一产业结构高级化程度分布

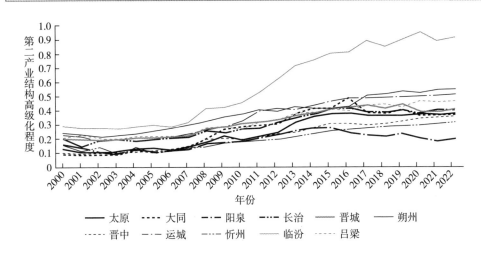

图 7-9 山西省各地市第二产业结构高级化程度分布

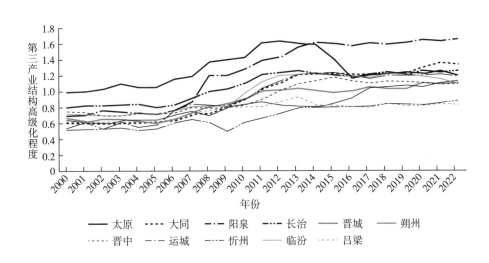

图 7-10 山西省各地市第三产业结构高级化程度分布

7.5 要素错配与产业优化协调性分析

根据上文的测算结果，生产要素存在不同程度的错配，由此势必带来产出的损失。通过测算要素错配与产业结构合理化、高级化之间的耦合协调性，分析山西省要素错配对产业优化产生的影响。

7.5.1 耦合协调度模型概述

耦合协调度模型是一种评估两个系统之间协调性的工具。耦合度本身仅能反映系统间的相关程度，而耦合协调度可更全面地评价两者的整体协调性。本部分采用耦合协调度模型科学、准确地衡量不同产业与产业结构之间的协调关系。

$$T = \alpha S_1 + \beta S_2 \tag{7.5}$$

$$D = \sqrt{C \times T} \tag{7.6}$$

式中：T 为总体协调评价指数；D 为耦合协调度；α、β 均为待定系数，笔者对 α、β 都赋值为 0.5。D 的取值范围规定在 0~1，D 越大说明高等教育集群与城市集群的耦合协调度越好。基于已有研究，确定耦合协调度划分维度标准（10个区间10个等级），如表7-3所示。

表7-3 耦合协调度维度标准

耦合协调度区间	协调等级	耦合协调度
（0~0.1）	1	极度失调
[0.1~0.2)	2	严重失调
[0.2~0.3)	3	中度失调
[0.3~0.4)	4	轻度失调
[0.4~0.5)	5	濒临失调
[0.5~0.6)	6	勉强协调
[0.6~0.7)	7	初级协调
[0.7~0.8)	8	中级协调
[0.8~0.9)	9	良好协调
[0.9~1.0)	10	优质协调

7.5.2 劳动力错配与产业转型耦合协调度分析

前文测算的山西省劳动力 Lilien 指数是反映劳动力要素错配的指标，本部分利用 1 减去指数值换算为劳动力配置指数。同时，以产业结构合理化与高级化指数作为产业转型的测度指标，利用劳动力配置指数与产业结构合理化、高级化指数进行正向耦合协调度分析，结果如表 7-4 所示。

表 7-4　山西省劳动力要素配置与产业结构合理化、高级化的耦合协调度

年份	产业结构合理化			产业结构高级化		
	耦合协调度	协调等级	耦合协调程度	耦合协调度	协调等级	耦合协调程度
2000	0.311	4	轻度失调	0.311	4	轻度失调
2001	0.988	10	优质协调	0.385	4	轻度失调
2002	0.992	10	优质协调	0.443	5	濒临失调
2003	0.906	10	优质协调	0.467	5	濒临失调
2004	0.939	10	优质协调	0.545	6	勉强协调
2005	0.955	10	优质协调	0.595	6	勉强协调
2006	0.859	9	良好协调	0.586	6	勉强协调
2007	0.947	10	优质协调	0.683	7	初级协调
2008	0.915	10	优质协调	0.715	8	中级协调
2009	0.749	8	中级协调	0.59	6	勉强协调
2010	0.973	10	优质协调	0.759	8	中级协调
2011	0.901	10	优质协调	0.787	8	中级协调
2012	0.851	9	良好协调	0.778	8	中级协调
2013	0.805	9	良好协调	0.768	8	中级协调
2014	0.786	8	中级协调	0.763	8	中级协调
2015	0.788	8	中级协调	0.768	8	中级协调
2016	0.734	8	中级协调	0.74	8	中级协调
2017	0.721	8	中级协调	0.818	9	良好协调
2018	0.652	7	初级协调	0.772	8	中级协调
2019	0.725	8	中级协调	0.816	9	良好协调
2020	0.217	3	中度失调	0.272	3	中度失调
2021	0.643	7	初级协调	0.922	10	优质协调
2022	0.660	7	初级协调	0.979	10	优质协调

从表 7-4 可以看出，山西省劳动力配置指数与产业结构合理化指数的耦合协

调度在 2000~2022 年呈现波动式转变，由轻度失调转为优质协调，又转为初级协调。而劳动力要素配置指数与产业结构高级化指数的耦合协调度在 2000~2022 年呈现逐步上升的状态，由轻度失调到勉强协调再到优质协调。这表明山西省的劳动力要素配置随着产业结构的变化产生了相应的调整，但调整到一定程度时，对产业形成的经济效益的贡献能力有限，所以体现出与产业结构合理性协调度较弱的现象。

7.5.3 资本错配与产业优化耦合协调度分析

前文测算的山西省资本 Lilien 指数是反映资本要素错配的指标，本部分利用 1 减去指数值换算为资本配置指数。同时，以产业结构合理化与高级化指数作为产业转型的测度指标，利用资本配置指数与产业结构合理化、高级化指数进行正向耦合协调度分析，结果如表 7-5 所示。

表 7-5　山西省资本要素配置与产业结构合理化、高级化的耦合协调度

年份	产业结构合理化			产业结构高级化		
	耦合协调度	协调等级	耦合协调程度	耦合协调度	协调等级	耦合协调程度
2000	0.305	4	轻度失调	0.305	4	轻度失调
2001	0.991	10	优质协调	0.386	4	轻度失调
2002	0.973	10	优质协调	0.435	5	濒临失调
2003	0.818	9	良好协调	0.422	5	濒临失调
2004	0.887	9	良好协调	0.515	6	勉强协调
2005	0.931	10	优质协调	0.58	6	勉强协调
2006	0.897	9	良好协调	0.612	7	初级协调
2007	0.935	10	优质协调	0.674	7	初级协调
2008	0.923	10	优质协调	0.721	8	中级协调
2009	0.879	9	良好协调	0.692	7	初级协调
2010	0.962	10	优质协调	0.751	8	中级协调
2011	0.896	9	良好协调	0.782	8	中级协调
2012	0.857	9	良好协调	0.784	8	中级协调
2013	0.810	9	良好协调	0.773	8	中级协调

续表

年份	产业结构合理化			产业结构高级化		
	耦合协调度	协调等级	耦合协调程度	耦合协调度	协调等级	耦合协调程度
2014	0.803	9	良好协调	0.78	8	中级协调
2015	0.780	8	中级协调	0.76	8	中级协调
2016	0.758	8	中级协调	0.763	8	中级协调
2017	0.229	3	中度失调	0.259	3	中度失调
2018	0.687	7	初级协调	0.814	9	良好协调
2019	0.774	8	中级协调	0.871	9	良好协调
2020	0.678	7	初级协调	0.851	9	良好协调
2021	0.653	7	初级协调	0.936	10	优质协调
2022	0.670	7	初级协调	0.994	10	优质协调

从表7-5可以看出，山西省资本配置指数与产业结构合理化指数的耦合协调度在2000～2022年呈现波动式转变，由轻度失调转为优质协调，又转为初级协调，2018～2022年相对稳定。而资本要素配置指数与产业结构高级化指数的耦合协调度与劳动力配置指数的结果相似，在2000～2022年呈现逐步提升的状态，由轻度失调到勉强协调再到优质协调。这表明山西省的资本要素配置同样随着山西省产业结构的调整过程产生了相应的变化，但调整到一定程度时，对产业形成的经济效益的贡献能力有限，所以表现出与产业结构合理性协调度较弱的现象。

7.6　本章小结

总体来说，虽然山西省的产业结构高级化水平逐年提高，但是仍然存在产业结构不合理的问题。山西省各地市产业结构高级化水平的提高主要依靠第三产业的快速发展，而第一产业的发展仍然相对落后，第二产业的科技水平不高，不足以支撑现有产业结构的需求，导致从业人数和资本也逐渐从第二产业流出，三次产业间的发展存在非均衡的问题。为进一步分析要素配置与产业转型之间的关系，本章对劳动力要素和资本要素与产业结构合理化和高级化进行了耦合协调度的测度。结果显示，劳动力配置和资本配置与产业结构合理化的耦合协调度在多数年份呈现波动状态，与产业结构高级化方面表现出较好的协调性，也充分体现出山西省在产业结构调整过程中，由第一产业向第二、第三产业的调整过程也是生产要素配置与之相适应的变化过程，但当产业结构调整到一定程度时，由于要素错配的存在，生产要素对产业经济效益的带动效应有限，需进一步优化要素配置，推动其对产业转型作用的深化。

8　山西省服务业发展现状与评价

通过前文的分析可以看到，要素配置与产业转型的关联密切。在山西省的产业优化过程中，我们应重点关注服务业的发展。随着全球经济一体化和信息技术的快速发展，服务业已经成为推动经济增长的主要力量，山西省在传统能源和重工业逐渐面临发展瓶颈的情况下，发展服务业可以为经济增长提供新的动力。

一方面，发展服务业有助于山西省要素配置的进一步优化：①随着服务业的发展，劳动力就业结构也会发生变化，从传统的农业和制造业向服务业转移，同时在不同地区间流动以提高整体经济的生产效率，劳动力的自由流动有助于服务业的均衡发展；②金融服务是服务业的重要组成部分，资本的有效配置可以为服务业提供必要的融资支持，促进山西省服务业的扩张和创新；③服务业的数字化转型是现代经济发展的趋势。通过技术的应用，服务业可以实现更高效的资源配置和服务模式创新，而技术的发展会促进知识密集型服务业的兴起，如研发设计、咨询服务等，这些服务对技术的依赖性强，是山西省未来服务业发展的重要方向。

另一方面，服务业的发展有助于优化山西省的区域经济结构，减少对资源型产业的依赖，促进实现经济的可持续发展。特别是高技术服务业，如研发设计、信息技术服务等，是创新活动的重要领域。通过发展服务业，可以促进技术创新和知识创新，推动经济向更高层次发展。服务业的开放程度往往反映了一个地区的开放水平。通过发展服务业，山西省可以更好地融入全球经济，吸引外资，促进国际交流与合作。服务业在山西省的经济转型发展中扮演着至关重要的角色。通过大力发展服务业，山西省可以实现经济结构的优化升级，促进社会全面进步，提高人民生活水平，实现可持续发展。

综上所述，本章立足山西实际，重点梳理山西省服务业发展的演变过程及特征，并就生产性服务业的高质量发展进行深入探讨，以期为山西省服务业发展找出最优发展路径。

8.1　山西省服务业发展动态演变过程

"十五"期间，山西省服务业增长速度有所加快，对全省经济结构调整产生了积极的推动作用，为山西省工农业持续健康发展和人民生产生活提供了较高质量的服务。2005 年，全省服务业增加值达到 1536.6 亿元，5 年平均增长 13.2%，比"九五"时期高出 2.2 个百分点。旅游业发展尤为迅猛，成为"十五"时期山西服务业发展的最大亮点。

"十一五"期间，服务业增加值增速有所回落，年均增长 11.7%，虽低于"十五"期间，但依然高于 GDP 的增长速度。在此期间，全省服务业年均新增从业人员 26 万人，2010 年从业人员达到 605 万人。

"十二五"以来，山西省服务业发展速度明显加快，规模迅速壮大，在三次产业中的占比逐年提高，由 2010 年的 35.7% 提高到 2015 年的 53.0%，年均增长 8.8%，高于地区生产总值年均增速 0.9 个百分点，分别高于工业和农业增速 1.0 个和 4.2 个百分点。服务业投资年均增长速度达到 19.6%，占全省固定资产投资的比重稳定在 50% 以上，成为新常态下的新增长点和新引擎。

"十三五"期间，服务业增加值由 2015 年的 6108.5 亿元增加到 2019 年的 8748.9 亿元，年均增长 9.4%，相较于前几个时期有所下降；但服务业增速仍超过了全省 GDP 的增速，也高于工业的增长速度。服务业就业容量继续扩大，成为增加就业的重要渠道，服务业就业人员占比由 2016 年的 39.6% 增加到 2019 年的 44.1%。在全社会固定资产投资中，服务业投资在增长速度上也领先于第一、第二产业。固定资产投资占全省固定资产投资的比重从 2015 的 52.1% 增加到 2017 年的 56.3%。

山西省服务业的发展动态变化如图 8-1 所示。

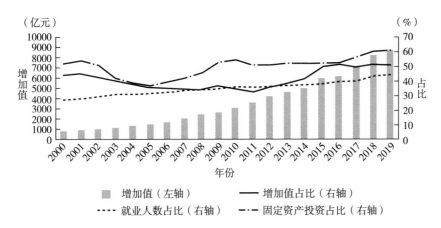

图 8-1　2000~2019 年山西省服务业增加值及就业人数、固定资产投资占比的变化趋势

资料来源：国家统计局、相关年份《山西统计年鉴》。

8.1.1　区域特征

山西省服务业发展虽取得了一定成就，对山西的经济贡献率越来越大，但总体规模相较于北京、上海等一线城市仍偏小，比重偏低。从山西省内部来看，区域发展不平衡的现象较为突出，服务业发展水平的区域差异大（见图 8-2）。

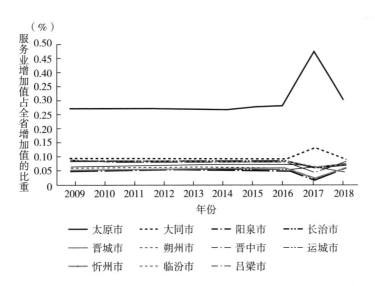

图 8-2　2009~2018 年山西各地市服务业增加值占全省服务业增加值的比重

资料来源：相关年份《中国城市统计年鉴》。

由于资源条件、基础设施、工业化进程、政策环境、开放程度等因素的影响,山西省各地服务业发展水平存在明显的差距。从图 8-2 来看,省会太原市处于绝对领先地位,2017 年大同市服务业占比迅速增加,但在 2018 年又下降至 8.6%,其余 9 个地级市在这 10 年间所占比重均未超过 10%。区域发展的不平衡,不利于提升山西省服务业的整体水平。

8.1.2 要素配置

如图 8-3、图 8-4 所示,山西省各地市之间服务业资源配置差距较大。太原市在就业人数占比和固定资产投资占比上整体远高于其他城市,就业人数占比呈上升趋势;位于晋北的大同、朔州和忻州三市就业人数占比逐年下降,但下降速度较为平缓,大同市和朔州市的固定资产投资占比在 2015~2016 年急剧下降;与此同时,晋南各地市的固定资产投资占比呈现逐年增长态势,就业人数占比波动幅度不大,其中阳泉市的服务业整体投入在山西省处于下游位置。

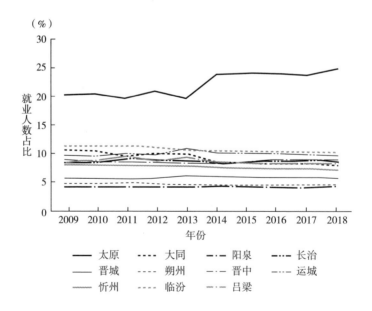

图 8-3　2009~2018 年山西省各地市第三产业就业人数占比

资料来源:相关年份《中国城市统计年鉴》。

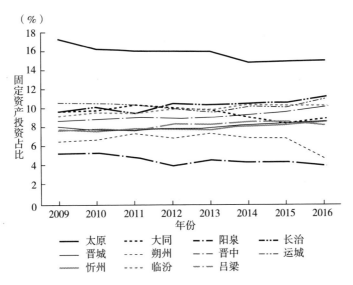

图 8-4　2009~2016 年山西省各地市第三产业固定资产投资占比

资料来源：相关年份《中国城市统计年鉴》。

8.1.3　行业异质性

山西省服务业中各行业的动态变化的异质性可以从多个角度来衡量，本部分用各行业增加值占比来衡量，结果如图 8-5 所示。

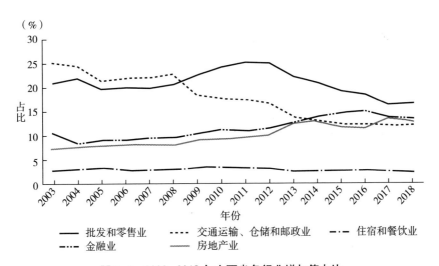

图 8-5　2003~2018 年山西省各行业增加值占比

资料来源：相关年份《中国城市统计年鉴》。

从图 8-5 可以看出，从服务业内部的行业结构来看，山西省服务业内部行业间发展也不平衡，批发和零售业等传统服务业所占比重较高，新兴行业及现代服务业比重较低。金融业、教育业、卫生和社会工作等行业的发展水平在很大程度上反映了服务业发展的水平和档次，这些行业的相对滞后将直接制约工农业生产效益的提高，成为经济增长和产业升级的瓶颈。

山西省第三产业就业占社会就业的比重从 2000 年的 27.0% 上升到 2019 年的 44.1%，提升了 17.1 个百分点。第三产业就业比重在 2012 年首次超过第一产业，并在之后不断拉大与第二产业和第一产业之间的距离。到 2019 年，服务业从业人员占比比第一、第二产业分别高 9.1 个和 23.3 个百分点。从目前山西省服务业就业结构来看，2019 年全省第三产业就业人数为 839.6 万人，占全省就业人员比重为 44.1%，同比上升 1.0%。2018 年占比较高的是公共管理、社会保障和社会组织以及教育业，反映服务业专业化程度的金融业就业人数占比逐年增高，批发和零售业等传统服务业的比重下降（见图 8-6）。总体来看，在服务业就业结

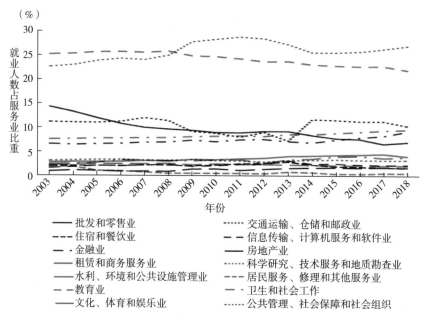

图 8-6　2003~2018 年山西省各行业就业人数占服务业比重分布

资料来源：相关年份《中国城市统计年鉴》。

构中，传统服务业对就业的吸纳人数正逐渐减少。此外，就业结构也反映出山西省服务业从业人员素质结构上的差距。省内精通法律、国际贸易等领域的国际型、开放型专业人才储备仍然不充裕，这些都会阻碍山西服务业内部结构升级和快速发展。

8.1.4 存在的主要问题

山西省服务业改革相比其他省份较为滞后，市场化程度不高，部分行业存在过度垄断现象，政府主导和公益性色彩比较浓厚。服务业中除居民服务业、房地产业、租赁和商务服务业市场化程度较高外，其他行业国有投资都占有很大的比重，很多服务业处于"微笑曲线"价值链底端，融合程度比较低。部分领域缺少引领行业发展的支柱企业和大型企业集团，行业竞争结构松散，缺少竞争意识和市场化经营管理方式，整体竞争力的提升受到抑制，导致服务业有效竞争不足。服务业发展的软硬环境不宽松，外资和省外资金在服务业中的比重很小。这不仅抑制了服务的有效供给，也限制了消费需求的选择。

8.2 山西省服务业全要素生产率测算

本节利用公布的宏观数据对山西省服务业转型升级进行评价。本节选择国家统计局2003年发布的产业分类标准——《国民经济行业分类》来确定服务业的范围，由以下三部分组成：①构造全国31个省份（不包括港澳台地区）共10年的面板数据，使用的数据源于国家统计局网站、各省份历年统计公报、《中国统计年鉴2020》、各省份2010~2019年的统计年鉴等，对我国服务业的TFP进行分析；②构造山西省11个地市共8年的面板数据，使用的数据源于国家统计局网站、《山西统计年鉴》、2010~2017年的《中国城市统计年鉴》等，对山西省各市服务业的*TFP*进行分析；③构造山西省6个行业共16年的面板数据，使用的数据源于《山西统计年鉴》等，对山西省服务业细分行业的*TFP*进行分析。

本节的变量选取及定义如下。

产出变量的选择。衡量产出成果最直接的数据就是该行业的增加值，本节采用服务业的增加值之和作为产出变量。

投入变量的选择。根据学术界普遍的做法，服务业的投入变量除了需要物质资本，还必须考虑类似劳动力的人力资本，因此本节的投入变量用二者进行测算。

资本投入。服务业的物质资本投入可采用资本存量有效体现。但是大多数发展中国家的统计数据中没有相关资本存量，需要根据有关资本形成及每年固定资产投资的数据推算而得。本节根据国际通用的永续盘存法进行估计，定义本期的资本存量为上一期的资本存量加上当年的投资，再减去折旧，即

$$K_t = I_t + (1-\delta) K_{t-1} \tag{8.1}$$

进行测算的关键问题是确定初始资本存量和年度折旧率。为了估计资本存量的初始值，本节借鉴 Kohli（1982）中的方法，即

$$K_0 = \frac{I_0}{(r+\delta)} \tag{8.2}$$

式中：K_0 为初始年服务业的资本存量；I_0 为初始年服务业的固定资产投资额；δ 为折旧率，本节采用中国服务业核算中经常使用的 10%；r 为分析期内服务业固定资产投资的实际增长率。

劳动力投入。在我国现行市场经济形式下，劳动力投入的变化能够用劳动者的工资薪酬相对客观地反映出来。但因为目前的收入分配制度有待完善，所以用收入衡量劳动力投入的变化失之偏颇（原毅军等，2009）。因此，本节的服务业投入的劳动力指标选择用从业人数来度量。

8.2.1　全国各省域服务业全要素生产率测算

本节利用软件 DEAP 2.1 对 2010～2019 年我国 31 个省份的面板数据进行基于 Malmquist 指数的全要素生产率分析，如表 8-1 所示，得到了相关省份服务业的 *TFP* 变动和分解情况。结果显示，全国整体的 *TFP* 平均增加 2.7%，其中平均技术效率降低了 3.4%，平均技术进步效率增加了 6.3%。大部分省份的服务业 *TFP* 表现为上升趋势，其中安徽增长速度最快，年均增长达 22.7%。所有省份的

技术进步效率都呈正向增长，仍然是安徽增速最快，达11.8%，大多数省份的增长幅度处在4%~9%。北京、山西和安徽三个省份的技术效率呈正向增长，上海的技术效率不变，其余省份表现出下降趋势，其中西藏下降最为明显，下降幅度达到12%。很容易看出，技术进步效率的提高是我国各省份服务业 TFP 增长的重要来源，技术效率对此起反作用。由此可见，目前我国 31 个省份服务业 TFP 降低都来自技术效率的减小，所以技术效率才是我国当前服务业 TFP 能否增加的决定性因素。全国 31 个省份服务业省际年平均 TFP 的变动和分解如表 8-1 所示。

表 8-1　全国 31 个省份服务业省际年平均 *TFP* 的变动和分解

省份	*EFFCH*	*TECH*	*PECH*	*SCCH*	*TFP*
北京	1.004	1.068	0.998	1.005	1.072
天津	0.974	1.082	0.980	0.993	1.054
河北	0.994	1.057	0.999	0.995	1.050
山西	1.021	1.060	1.028	0.994	1.083
内蒙古	0.943	1.060	0.965	0.977	1.000
辽宁	0.988	1.119	0.990	0.998	1.105
吉林	0.979	1.066	0.996	0.982	1.043
黑龙江	0.986	1.042	1.017	0.969	1.026
上海	1.000	1.050	1.000	1.000	1.050
江苏	0.981	1.063	1.011	0.970	1.042
浙江	0.947	1.063	0.963	0.983	1.006
安徽	1.098	1.118	1.096	1.002	1.227
福建	0.956	1.064	0.959	0.997	1.018
江西	0.976	1.042	0.989	0.987	1.017
山东	0.986	1.072	1.007	0.979	1.057
河南	0.942	1.043	0.941	1.000	0.982
湖北	0.981	1.067	0.981	1.000	1.046
湖南	0.954	1.062	0.957	0.998	1.013
广东	0.953	1.042	1.000	0.953	0.993
广西	0.957	1.047	0.972	0.984	1.001
海南	0.971	1.065	1.008	0.963	1.034

续表

省份	EFFCH	TECH	PECH	SCCH	TFP
重庆	0.955	1.068	0.965	0.990	1.019
四川	0.975	1.055	0.975	1.000	1.028
贵州	0.919	1.077	0.937	0.981	0.989
云南	0.930	1.055	0.942	0.988	0.982
西藏	0.880	1.036	1.000	0.880	0.912
陕西	0.977	1.082	0.989	0.988	1.057
甘肃	0.970	1.060	1.012	0.959	1.029
青海	0.909	1.071	1.015	0.895	0.973
宁夏	0.979	1.055	1.016	0.963	1.033
新疆	0.894	1.035	0.921	0.970	0.926
平均	0.966	1.063	0.988	0.978	1.027

从纯技术效率的角度来看，我国 31 个省份中最大是安徽的 1.096，最小是新疆的 0.921，相差幅度为 0.175，表明各省份之间的经营管理水平的差距较大。山西省的全要素生产率和技术效率都高于全国平均水平，但技术进步效率比平均水平略低，可扩大服务业企业经营规模并进行改革，对收益高的企业加以重点补助。我国服务业产值增加的原因主要是投入了很多资源，但是这些资源并没有被充分利用，依旧呈现一种粗放型增长方式，大量的资源被浪费。如果想要增加产出，则必须对资源配置进行调整，对行业内相关企业经营管理方式进行革新，这样才能使生产效率达到最优。全国 31 个省份服务业 TFP 的变化及分解如表 8-2 所示。

表 8-2　全国 31 个省份服务业 TFP 的变化及分解

年份	TFP = TE×TP	TE = PE×SC	TP	PE	SC
2011	1.030	0.992	1.038	1.004	0.989
2012	0.982	0.929	1.057	0.968	0.960
2013	0.983	0.912	1.078	0.944	0.966
2014	0.975	1.015	0.961	1.022	0.993

年份	$TFP = TE \times TP$	$TE = PE \times SC$	TP	PE	SC
2015	1.013	0.955	1.060	0.981	0.974
2016	1.024	0.922	1.111	0.96	0.961
2017	1.081	1.026	1.053	1.03	0.996
2018	1.071	0.998	1.072	1.016	0.982
2019	1.089	0.953	1.142	0.968	0.985
平均值	1.056	0.971	1.088	0.991	0.978

将 TFP 进行分解，如表 8-2 所示，在分析期内技术效率平均每年下降2.9%，技术进步效率平均每年增长8.8%，这表明新经济的发展、新技术的研发为服务业的蓬勃发展提供了支撑，但还需要提高对新兴技术应用的能力。笔者将研究时间分为 2010~2014 年和 2014~2019 年两个区间，发现 TFP 的变动受到技术效率和技术进步的影响。2010~2014 年，技术进步效率呈现增加趋势，而技术效率变动方向相反，由此可见，前期技术效率降低导致了服务业 TFP 的下降，而技术效率的变化主要是由规模效率引起的；2014~2019 年，虽然技术效率和技术进步效率仍然保持原来的变化趋势，但是 TFP 提高了，由此可见，技术进步的增加导致了服务业 TFP 的上升，技术进步效率和技术效率变动引起了全要素生产率变动，而且技术效率和技术进步效率在整个分析期内基本呈现相反的变化趋势。

8.2.2 山西省各地市服务业全要素生产率测算

从整体上看，山西省服务业在 2009~2016 年的服务业 TFP 平均增长 1.9%，技术进步效率平均增长率为 1.8%，而技术效率在这期间整体没有变化。由此可见，技术进步是促进山西省服务业生产率的增长的主要因素。表 8-3 结果显示，山西省北部、中部和南部地区服务业全要素生产率增长存在差异，且影响全要素生产率增长的原因也各不相同。

表 8-3　山西省服务业省际年平均 *TFP* 的变动和分解

地区	TFP = TE×TP	TE = PE×SC	TP	PE	SC
大同	1.050	1.029	1.021	0.989	1.040
朔州	1.055	1.000	1.055	1.000	1.000
忻州	1.011	0.998	1.013	0.940	1.062
晋北地区	1.039	1.009	1.030	0.976	1.034
吕梁	0.990	0.995	0.995	0.944	1.053
太原	0.993	1.000	0.993	1.000	1.000
阳泉	1.051	1.020	1.030	1.000	1.020
晋中	1.008	0.990	1.019	0.949	1.043
晋中地区	1.011	1.001	1.009	0.973	1.029
临汾	0.969	0.982	0.987	0.947	1.037
长治	1.027	0.997	1.030	0.962	1.037
运城	1.024	0.991	1.032	0.968	1.025
晋城	1.034	1.003	1.030	0.974	1.030
晋南地区	1.014	0.993	1.020	0.963	1.032
平均	1.019	1.000	1.018	0.970	1.031

从 2009～2016 年晋北地区平均时间序列来看，服务业 *TFP* 的平均增长率为 3.9%，在三个地区中是最高的，主要原因是技术进步水平的提高。在晋北地区内部，三个地市的服务业 *TFP* 均为正增长，其中忻州市服务业 *TFP* 的平均增长率最低，其保持较低水平正增长的主要原因是同时出现了技术进步效率的提高和技术效率的下降，而技术进步效率略占优势，其平均增长率变化分别为 1.3% 和 0.2%，技术效率下降主要是由纯技术效率降低引起的。这三个地区在推动 *TFP* 增长的动力方面有所不同，大同市主要来自技术效率的提高；朔州市和忻州市主要依靠技术进步的推动，技术效率所起到的作用很小。

从 2009～2016 年晋中地区平均时间序列来看，服务业 *TFP* 的平均增长率为 1.1%，技术效率和技术进步效率都呈现增长趋势，分别增长了 0.1% 和 0.9%。其中阳泉市和晋中市的服务业 *TFP* 保持了正增长，其增长率分别为 5.1% 和 0.8%，这主要得益于技术进步效率的提高，其平均增长率分别为 3.0% 和 1.9%，而其他两市均为负增长。太原市和吕梁市的生产率为负增长，太原市生产率下降是由于技术进步效率减小；吕梁市的技术进步效率和技术效率均为 0.995，其技术效率下降是由纯技术效率过低引起的。

从 2009~2016 年晋南地区平均时间序列来看，服务业 *TFP* 的平均增长率增加 1.4%，技术效率降低 0.7%，技术进步效率增加 2%。只有临汾市服务业 *TFP* 为负增长，其平均增长率减小 3.1%，主要是因为技术效率和技术进步效率的同步下降，二者平均增长率变化为 -1.8% 和 -1.3%。长治市、晋城市和运城市服务业生产率增加主要是由于技术进步增加，晋城市的服务业 *TFP* 在晋南地区是最高的，主要是因为它是唯一一个技术效率有所增长的城市，增长率变化为 0.3%。晋南地区所有城市的纯技术效率在分析期内都呈减小趋势，规模效率表现为增加趋势。

综上所述，在分析期内，服务业 *TFP* 增长均存在显著差异，无论是晋北、晋中和晋南地区之间还是三大地区内部，服务业 *TFP* 增长均存在显著差异。三大地区服务业的全要素生产率和技术进步效率都保持正增长，晋南地区的技术效率为负增长。可以发现，尽管三大地区服务业技术效率整体上没有提高，但技术进步效率在地区之间表现出差异，晋北地区的技术进步效率高出晋中地区 2.1 个百分点。在分析期内，技术进步效率是导致山西省服务业全要素生产率增长存在地区差异的原因之一，技术效率的差异主要是由纯技术效率引起的。全省只有朔州、太原和阳泉三个市的纯技术效率为 1，其他地市均出现负增长，表明在现有技术水平上，大多数地市投入资源的使用是无效的，企业的管理水平和生产技术还有进一步上升的空间。

从不同时期来看，如表 8-4 所示，2009~2016 年，山西省服务业全要素生产率整体为正增长，年均增长 1.9%，其中，技术效率保持不变，技术进步增加了约 1.8%，将技术效率拆解为纯技术效率和规模效率来看，纯技术效率降低了 3%，规模效率上升了 3.1%。在分析期内，纯技术效率基本在下降，只有 2013~2014 年是正增长，增加了 1.7%；技术进步效率和纯技术效率的变化刚好相反，技术进步效率只在 2012~2014 年出现了下降，其余年份都呈上升趋势。

表 8-4 山西省服务业 *TFP* 的变化及分解

年份	$TFP=TE×TP$	$TE=PE×SC$	TP	PE	SC
2010	1.028	1.009	1.018	0.972	1.039
2011	1.058	0.973	1.087	0.947	1.027
2012	1.026	0.992	1.034	0.934	1.062
2013	0.947	0.962	0.985	0.985	0.976
2014	1.040	1.124	0.925	1.017	1.106
2015	1.015	0.973	1.043	0.973	1.000
2016	1.022	0.979	1.044	0.964	1.015
平均值	1.019	1.000	1.018	0.970	1.031

根据上述分析可知，山西省服务业 *TFP* 的上升是由技术进步效率引起的，技术效率在分析期内保持不变，但是纯技术效率减少了 3.0%，规模效率增加了 3.1%，表明山西省服务业发展已经显现出规模经济特征。这可能是因为现代科技的发展使原先不能储存和运输的某些服务在"时空"上变得可分离，从而提高了这些服务的可贸易性。正是这种服务生产和消费的逐步可分离性，使服务业开始显现出诸如有形产品的规模经济特征。无论是在市区层面还是在时间层面，山西省服务业纯技术效率大多表现不佳，这表明部分服务业企业技术投入不够全面，创新水平与内部管理水平较低，市场化运营机制有待改进。

8.2.3 山西省服务业各行业全要素生产率分析

表 8-5 列出了山西省服务业细分行业的 Malmquist 生产率指数及其分解。各个指数在行业间的变动充分表明，服务业 *TFP*、技术效率和技术进步效率均存在较大的行业异质性。服务业各细分行业全要素生产率都为正增长，其中技术效率为负增长，技术进步效率增长了 10.4%，技术进步的增长抵消了技术效率降低对全要素生产率的影响。从表 8-5 可以看出，2003~2018 年全要素生产率最高的是金融业，达到 1.135。山西省金融业平均增长了 13.5%，房地产业平均增长了 4.8%。从增长原因来看，二者既存在相似之处又存在差异，相似之处在于金融业和房地产业的技术效率都为 1，全要素生产率的增加都来自技术进步效率的提

高；不同之处在于这两个行业技术进步效率的差异在各行业中是最大的，表明相较于金融业，房地产业在技术水平创新方面还有待提高。

表 8-5 2018~2023 年山西省服务业各细分行业 Malmquist 生产率指数及其分解

行业	$TFP = TE \times TP$	$TE = PE \times SC$	TP	PE	SC
批发和零售业	1.120	1.008	1.111	1.000	1.008
交通运输、仓储和邮政业	1.049	0.954	1.100	0.951	1.003
住宿和餐饮业	1.113	0.982	1.133	1.000	0.982
金融业	1.135	1.000	1.135	1.000	1.000
房地产业	1.048	1.000	1.048	1.000	1.000
其他行业	1.095	0.995	1.101	1.000	0.995
平均	1.093	0.990	1.104	0.992	0.998

综上所述，山西省目前的服务业占 GDP 的比重逐渐增加，继续推进批发和零售业等生活性服务业的可持续发展，对促进经济增长具有现实意义。2009~2016 年，山西省服务业全要素生产率虽然波动很大但整体为正增长，年均增长 1.9%，其中技术效率增长了 1.8%，规模效率增长了 3.1%，纯技术效率降低了 3.0%，山西省服务业发展已经显现出规模经济特征。无论是在地区层面还是在时间层面，山西省服务业纯技术效率大多表现不佳，这表明部分服务业企业技术投入不够全面，创新水平与内部管理水平较低，市场化运营机制有待改进。

山西省服务业仍存在区域化相异程度高的问题，太原市作为省会，在全省经济中具有独特的地位，可以将一些服务业企业的基础业务辐射到地市，增加就业岗位，带动周边地市服务业的发展。山西省房地产业在技术进步效率上整体欠佳，企业需要在技术水平创新方面发力。金融业在技术水平创新方面比较成熟，产出效率相比其他服务业较高，对经济发展所起的作用和受其他产业发展的影响程度都较大，因此可以适当增加金融业的投资及就业人数，扩大金融等行业的最终需求。现代科技的发展使原先不能储存和运输的某些服务在"时空"上变得可分离，从而提升了服务的可贸易性，山西省服务业开始显现出诸如有形产品的规模经济特征。这表明部分服务业企业技术投入不够全面，创新水平与内部管理水平较低，市场化运营机制有待改进，当前服务业企业的生产规模应维持在现有状态，通过引进高技术人才、挖掘产业创新潜力来提高企业生产效率，防止边际效益下降。

8.3 本章小结

本章主要针对山西省服务业的现状及全要素生产率进行了深入的研究。山西省的全要素生产率和技术效率都高于全国平均水平，但技术进步效率略低，可通过扩大服务业企业经营规模并进行改革，对收益高的企业加以重点补助来提高。我国服务业虽然投入资源较多，但这些资源并没有被充分利用，大量的资源被浪费，依旧呈现一种粗放型的增长方式。因此，必须对资源配置进行优化，对行业内相关企业经营管理方式进行革新，这样才能使生产效率达到最优。

9　山西省生产性服务业高质量发展评价研究

随着中国经济结构的转型升级，城市经济发展面临前所未有的挑战，实现经济高质量发展是当前中国经济发展的重要任务，是推动中国经济持续健康发展的必由之路。党的二十大报告提出，"要坚持以推动高质量发展为主题"；同时强调，"加快建设现代化经济体系，着力提高全要素生产率，……推动经济实现质的有效提升和量的合理增长"。

本章通过构建指标体系对我国生产性服务业的高质量发展水平进行测度，从不同维度对比山西省与其他省份的生产性服务业发展情况，这对丰富生产性服务业高质量发展的内容，补充生产性服务业发展水平测度的方法，具有一定的理论意义。

同时，本章在比较现有关于服务业高质量发展评价指标体系的基础上，确定了生产性服务业高质量发展的测度方式。采用 CRITIC-熵权法综合权重模型对各项指标进行赋权，并使用 TOPSIS 综合评价法测度我国 2011~2022 年生产性服务业高质量发展水平，依据测度结果对山西省生产性服务业进行纵向趋势分析和横向对比分析，并对山西省生产性服务业高质量发展平均水平的空间分布格局展开讨论。

9.1　生产性服务业区域发展现状分析

生产性服务业在推动区域经济发展和产业结构优化方面发挥着重要的作用。

各省份因其独特的地理位置、产业结构、政策扶持和资源配给情况，生产性服务业的发展会有所不同。为评估和理解各地区生产性服务业发展水平，本章对2022年全国30个省份（不包含西藏和港澳台地区的数据）生产性服务业进行区域对比分析。

如表9-1所示，全国的平均生产性服务业增加值为12364.7万元，生产性服务业增加值占第三产业增加值与GDP的比重分别为58.58%和30.88%，这充分显示了生产性服务业在国家经济中的重要作用与地位。其中，东部地区的生产性服务业发展最为迅速，生产性服务业增加值远高于中部地区与西部地区的增加值，东部地区带动了全国生产性服务业的发展。山西在中部地区各省的指标排名相对靠后，虽然其生产性服务业发展水平较低，但存在巨大的发展潜力和空间。

表9-1　2022年全国30个省份及地区生产性服务业发展相关数据

省份及地区	地区生产总值/亿元	第三产业增加值/亿元	生产性服务业增加值/亿元	生产性服务业增加值占GDP比重/%	生产性服务业增加值占第三产业比重/%	人均生产性服务业增加值/万元
北京	41610.9	34894.3	25688.8	61.74	73.62	11.76
天津	16311.3	9999.3	6556.6	40.20	65.57	4.81
河北	42370.4	20910.0	11859.4	27.99	56.72	1.60
上海	44652.8	33097.4	24640.7	55.18	74.45	9.96
江苏	122875.6	62027.5	37425.1	30.46	60.34	4.40
浙江	77715.4	42185.4	27391.8	35.25	64.93	4.16
福建	53109.9	24955.5	16173.4	30.45	64.81	3.86
广东	129118.6	70934.7	41007.6	31.76	57.81	3.24
山东	87435.1	46122.3	28313.8	32.38	61.39	2.79
海南	6818.2	4089.5	2245.0	32.93	54.90	2.19
辽宁	28975.1	14621.7	8053.3	27.79	55.08	1.92
东部地区	59181.2	33076.1	20850.5	35.23	63.04	4.61
山西	25642.6	10461.3	5418.8	21.13	51.80	1.56
吉林	13070.2	6752.8	3370.3	25.79	49.91	1.44
黑龙江	15901.0	7642.2	4196.7	26.39	54.91	1.35
安徽	45045.0	22943.3	12728.0	28.26	55.48	2.08

续表

省份及地区	地区生产总值/亿元	第三产业增加值/亿元	生产性服务业增加值/亿元	生产性服务业增加值占GDP比重/%	生产性服务业增加值占第三产业比重/%	人均生产性服务业增加值/万元
河南	61345.1	30062.2	16340.7	26.64	54.36	1.66
湖北	53734.9	27507.6	13493.1	25.11	49.05	2.31
湖南	48670.4	24885.1	12371.5	25.42	49.71	1.87
江西	32074.7	15263.7	8403.9	26.20	55.06	1.86
中部地区	36935.5	18189.8	9540.4	25.83	52.45	1.77
内蒙古	23158.6	9263.1	4938.7	21.33	53.32	2.06
广西	26300.9	13092.5	7078.4	26.91	54.06	1.40
重庆	29129.0	15423.1	9092.4	31.21	58.95	2.83
四川	56749.8	29628.4	14723.0	25.94	49.69	1.76
贵州	20164.6	10190.4	4907.9	24.34	48.16	1.27
云南	28954.2	14470.8	7649.5	26.42	52.86	1.63
陕西	32772.7	14264.2	7794.1	23.78	54.64	1.97
甘肃	11201.6	5741.2	2978.4	26.59	51.88	1.20
青海	3610.1	1644.2	840.9	23.29	51.14	1.41
宁夏	5069.6	2213.0	1092.6	21.55	49.37	1.50
新疆	17741.3	7961.0	4165.9	23.48	52.33	1.61
西部地区	23168.4	11262.9	5932.9	25.61	52.68	1.69
全国	40044.32	21108.30	12364.70	30.88	58.58	2.78

资料来源：《中国统计年鉴》（2023）、相关省份统计年鉴（2023）。

全国人均生产性服务业增加值为2.78万元，地区差异较大，东部地区人均生产性服务业增加值最多，为4.61万元，中部地区与西部地区的人均生产性服务业增加值较少。这些差异反映了我国区域发展的不平衡性，呈现"东强西弱"的局面。

在中部地区中，江西省、山西省、黑龙江省和吉林省的生产性服务业增加值低于中部地区平均水平，中部地区的生产性服务业增加值两极分化较为严重，存在区域发展不平衡、创新能力不足、产业结构不均衡、高端人才缺乏等问题。

9.2 生产性服务业高质量发展水平测度

9.2.1 指标体系内容及说明

本节基于指标体系构建的基本原则，结合生产性服务业高质量发展的内涵，考虑到数据的可得性，以新发展理念为指引，整体考虑生产性服务业高质量发展的投入效率和产出效果，构建了测度我国生产性服务业高质量发展水平的指标体系，该体系共有 2 个一级指标、7 个二级指标和 20 个三级指标。该指标体系以生产性服务业高质量发展水平为目标，以"高质量发展投入效率—高质量发展产出效率"为基本框架，从产业结构、创新载体、协调能力三个方面度量生产性服务业高质量发展的投入效率，以规模效益、创新产出、开放程度、经济共享四个角度衡量生产性服务业高质量发展的产出效果。具体如表 9-2 所示。

表 9-2 生产性服务业高质量发展水平测度指标体系

一级指标	二级指标	三级指标	指标属性
高质量 发展投 入效率	X1：产业结构	X11：高端生产性服务业增加值占比	正向
		X12：高端生产性服务业法人单位数占比	正向
		X13：高端与低端生产性服务业就业人数比值	正向
	X2：创新载体	X21：科学研究和技术服务业固定资产投资额增长率	正向
		X22：科学研究和技术服务业就业贡献率	正向
		X23：高技术产业企业数增长率	正向
高质量 发展投 入效率	X3：协调能力	X31：生产性服务业集聚效应	正向
		X32：高端生产性服务业贡献率	正向
		X33：高端生产性服务业拉动增长率	正向

续表

一级指标	二级指标	三级指标	指标属性
高质量发展产出效果	X4：规模效益	X41：生产性服务业增加值增速	正向
		X42：生产性服务业劳动生产率	正向
		X43：生产性服务业单位产出率	正向
	X5：创新产出	X51：科学研究与技术服务业增加值贡献率	正向
		X52：科学研究与技术服务业人工成本投入产出率	正向
		X53：高技术产业企业利润率	正向
	X6：开放程度	X61：货物进出口总额/生产性服务业增加值	正向
		X62：外商投资企业投资总额/生产性服务业增加值	正向
	X7：经济共享	X71：人均生产性服务业增加值	正向
		X72：生产性服务业就业人员平均工资增长率	正向
		X73：居民收入与生产性服务业增长协调度	正向

9.2.1.1　产业结构

对产业结构进行升级优化并持续推进深度融合是实现产业高质量发展的必由之路。生产性服务业的高质量发展需要以优化产业结构为关键切入点，加强生产性服务业的高质量发展，不仅对第三产业发展具有拉动作用，也对全社会经济、文化等方面的发展具有促进作用。生产性服务业分为高端行业与低端行业，高端生产性服务业（信息传输、软件和信息技术服务业，金融业，科学研究和技术服务业）的主要特征为知识与技术密集、创新能力强、辐射能力强、附加值高等，对促进生产性服务业结构转型升级具有突出作用，有助于转变传统生产性服务业的生产与经营方式，促进生产性服务业内部的传统行业向技术密集型与知识密集型的高端行业"进化"。

综上所述，本章选择高端生产性服务业的相关指标作为切入点，对生产性服务业高质量发展的产业结构进行测度。本节选取"高端生产性服务业增加值占比"（高端生产性服务业增加值/生产性服务业增加值）反映生产性服务业内部结构的优化与综合竞争力，该比重越大，表明生产性服务业发展水平越高，内部结构越合理；使用"高端生产性服务业法人单位数占比"（高端生产性服务业法人单位数/生产性服务业法人单位数）凸显生产性服务业的发展潜力与产品单位投入结构的合理性；采用"高端与低端生产性服务业就业人数比值"（高端生产性服务业就业人数/低端生产性服务业就业人数）度量生产性服务业在劳动力投入结构方面的合理性，该指标值越大，表明高端生产性服务业的服务供给能力越高，生产性服务业的内部结构在向高级化调整升级。

9.2.1.2　创新载体

创新载体是推动生产性服务业高质量发展的核心动力，也是提升知识和技术密集型的高端生产性服务业发展水平的重要力量。而生产性服务业的高质量发展离不开创新载体的驱动作用，生产性服务业发展的不断创新能够摆脱核心技术受制于人的窘境，并提升我国整体经济发展水平。因此，创新载体是测度生产性服务业高质量发展水平不可或缺的一个方面。创新载体建设是推动生产性服务业创新、改善服务方式和提高服务效率的关键所在。以创新驱动生产性服务业高质量发展主要利用新知识、新技术等资源，增强创新载体建设，突破技术发展瓶颈，实现生产性服务业高质量发展水平的持续提升。创新载体建设的首要动力是科技创新，因此本章利用科学研究和技术服务业与高技术产业企业的发展状况衡量生产性服务业高质量发展的创新载体建设水平，具体指标为"科学研究和技术服务业固定资产投资额增长率"、"科学研究和技术服务业就业贡献率"（科学研究和技术服务业就业人数/生产性服务业就业人数）、"高技术产业企业数增长率"。

9.2.1.3　协调能力

协调能力是实现该产业高质量发展的前提条件，也是促进生产性服务业持续健康发展的本质要求。生产性服务业是在制造业发展进程中，从其行业内部剥离出来的产业，并向制造业企业提供劳务与服务。生产性服务业协调能力的提升将会带动该产业与制造业的协调融合发展，进一步实现生产性服务业的高质量发展。本节选择以下三个指标对生产性服务业高质量发展要素投入的协调能力进行测度，其中，选取"高端生产性服务业贡献率"（高端生产性服务业增加值增量/生产性服务业增加值增量）体现高端生产性服务业发展对生产性服务业增加值的贡献程度；使用"高端生产性服务业拉动增长率"（本期高端生产性服务业增加值增量/前期生产性服务业增加值）描述高端生产性服务业的增长量拉动生产性服务业的增长程度；采用"生产性服务业集聚效应"（区位熵）衡量生产性服务业的专业化程度及其在第三产业中的地位与作用，以此度量生产性服务业要素分布的协调水平。区位熵又称专业化率，其计算公式为

$$LQ = \frac{s_j/x_j}{s/x} \tag{9.1}$$

式中：j 为某行业；s_j 为某地区 j 行业的就业人数；x_j 为全国 j 行业的就业人数；s 为该地区的总就业人数；x 为全国的总就业人数。

9.2.1.4 规模效益

发展规模是描述产业发展实力的重要表现，是对生产性服务业发展"量"的要求，也决定了生产性服务业在竞争中的综合影响力，是实现生产性服务业高质量发展的前提。效益发展水平是产业发展质量的主要象征，是对生产性服务业发展"质"的体现，是实现生产性服务业高质量发展的重要保障。因此，生产性服务业的高质量发展不仅要实现服务产品在数量上的扩张，还应考虑这些产品所创造的社会效益、经济效益等。生产性服务业高质量发展的首要目标是实现规模效益的提升，因此本章在对生产性服务业高质量发展的产出效果进行度量时，建立规模效益指标对其规模增长情况与效益发展水平进行度量。本节选择"生产性服务业增加值增速"（以 2011 年为基期，采用不变价计算）来展示生产性服务业的总量规模，采用"生产性服务业劳动生产率"（生产性服务业增加值/生产性服务业平均就业人数）指标反映生产性服务业劳动力投入与产出服务产品总量的关系，选取"生产性服务业单位产出率"（生产性服务业增加值/生产性服务业法人单位数）指标凸显生产性服务业产品生产过程中的单位产出效益。

9.2.1.5 创新产出

生产性服务业的高质量发展需要加大创新投入力度，以市场需求为主导打造服务价值链，研发新技术以提升生产性服务业的服务质量与服务效率，促进生产性服务业向新模式、新业态集成创新。科学研究和技术服务业、高技术产业企业的发展情况可以反映生产性服务业的技术创新成果，以此反映创新能力提升对生产性服务业高质量发展的驱动情况。本节选取"科学研究和技术服务业增加值贡献率"（科学研究和技术服务业增加值增量/生产性服务业增加值增量）指标反

映在生产性服务业的增加值增长中创新水平提高所作的贡献，使用"科学研究和技术服务业人工成本投入产出率"（科学研究和技术服务业增加值/科学研究和技术服务业就业人员平均工资）衡量生产性服务业高质量发展进程中创新投入所创造的经济效果，选择"高技术产业企业利润率"（高技术产业企业利润总额/高技术产业企业营业收入）度量高技术产业企业的产出水平。所有指标均为正向指标，即指标值越大，表明生产性服务业高质量发展的创新产出效果越好。

9.2.1.6 开放程度

生产性服务业高质量发展的内涵之一是"开放"，生产性服务业的高质量发展要做到更宽领域的开放，积极延伸至金融业、批发和零售业等行业的服务领域，尤其是注重高端生产性服务业的开放发展，增强生产性服务业高质量发展的动力与后劲，满足工业企业对生产性服务业的服务需求。本节采用外贸依存度与对外投资水平度量生产性服务业高质量发展的开放程度，选取"货物进出口总额/生产性服务业增加值"度量生产性服务业依赖对外贸易的程度，该指标还反映了生产性服务业高质量发展的规模水平及其参与国际经济的程度；选取"外商投资企业投资总额/生产性服务业增加值"反映生产性服务业的对外投资规模。

9.2.1.7 经济共享

生产性服务业高质量发展不仅要重视自身的提质增效与转型升级，还应关注其服务质量的提升是否惠及全体人民。生产性服务业高质量发展的根本目标是实现发展成果的共享，经济共享是实现生产性服务业更高质量发展的关键路径。因此，本节选取"人均生产性服务业增加值"（生产性服务业增加值/平均人口数）、"生产性服务业就业人员平均工资增长率"、"居民收入与生产性服务业增长协调度"（居民收入增速/生产性服务业增加值增速；以2011年为基期，采用不变价计算）指标度量生产性服务业高质量发展的经济共享水平。考虑到数据的可得性，"居民收入增速"借助城镇非私营单位就业人员工资总额增速来体现。各项指标均为正向指标，即指标值越大，表明高质量生产性服务业的经济共享程度越高。

由于西藏和港澳台地区的部分生产性服务业相关数据无法获取，故本章研究样本为我国除西藏及港澳台地区以外的 30 个省份，并采用 2011~2022 年相关数据对这 30 个省份的生产性服务业高质量发展水平进行测度。本章所用数据主要来源于 2012~2023 年《中国统计年鉴》、2012~2023 年《中国科技统计年鉴》、各省份 2012~2023 年统计年鉴、EPS 全球统计数据库和中经网统计数据库。其中，生产性服务业增加值、生产性服务业就业人数、生产性服务业法人单位数等均由生产性服务业内部各行业数据加总得到。高端生产性服务业增加值、就业人数、法人单位数均由信息传输、软件和信息技术服务业，金融业，科学研究和技术服务业三个行业数据加总得到；低端生产性服务业增加值、就业人数、法人单位数均由批发和零售业，交通运输、仓储和邮政业，租赁和商务服务业三个行业数据加总得到。增加值增量由本年数据减去上年数据得到，增加值增速由本年数据与上年数据之差除以上年数据得到。同时，本章所采用的生产性服务业增加值数据均以 2011 年为基期进行了价格平减，折算为 2011 年不变价，以保证分析结果的科学性。尽管在设计指标体系时充分考虑了数据的可得性，但在实际数据收集过程中仍有部分数据缺失，故对部分缺失数据采用年平均增长率法和线性插值法进行完善。

9.2.2　指标权重计算结果

本章从高质量发展投入效率与高质量发展产出效果两个维度入手建立指标体系，利用 CRITIC-熵权法组合权重模型对各项指标的权重进行计算，结果如表 9-3 所示。

表 9-3　指标权重计算结果

一级指标	二级指标	三级指标	CRITIC 法权重	熵权法权重	综合权重
高质量发展投入效率（0.4102）	X1：产业结构（0.1295）	X11	0.0584	0.0339	0.0461
		X12	0.0461	0.0381	0.0421
		X13	0.0588	0.0237	0.0413

续表

一级指标	二级指标	三级指标	CRITIC法权重	熵权法权重	综合权重
高质量发展投入效率（0.4102）	X2：创新载体（0.1609）	X21	0.0401	0.0356	0.0379
		X22	0.0713	0.1043	0.0878
		X23	0.0578	0.0127	0.0352
	X3：协调能力（0.1198）	X31	0.0621	0.0994	0.0807
		X32	0.0202	0.0033	0.0118
		X33	0.0437	0.0109	0.0273
高质量发展产出效果（0.5898）	X4：规模效益（0.1529）	X41	0.0432	0.0074	0.0253
		X42	0.0704	0.0564	0.0634
		X43	0.0726	0.0557	0.0642
	X5：创新产出（0.1478）	X51	0.0313	0.0043	0.0178
		X52	0.0665	0.1002	0.0833
		X53	0.0641	0.0292	0.0466
	X6：开放程度（0.1633）	X61	0.0606	0.0992	0.0799
		X62	0.0446	0.1221	0.0833
	X7：经济共享（0.1259）	X71	0.0479	0.1457	0.0968
		X72	0.0197	0.0033	0.0115
		X73	0.0206	0.0145	0.0176

由表9-3可知，高质量发展投入效率的综合权重为0.4102，高质量发展产出效果的综合权重为0.5898，这表明在对生产性服务业高质量发展水平进行测度时需更加关注其产出的经济效果、规模效益、开放程度及创新成果等方面。在二级指标中，开放程度、创新载体、规模效益、创新产出四项指标的权重分别为0.1633、0.1609、0.1529、0.1478，开放程度是驱动生产性服务业高质量发展水平提升的首要因素。产业结构、经济共享、协调能力三项指标的综合权重分别为0.1295、0.1259、0.1198，这意味着调整产业结构、促进经济共享与增强协调能力是一个长久的渐变过程；当前这三项指标对生产性服务业高质量发展的影响仍不明显，未来随着生产性服务业高质量发展水平的不断提升，这三者的作用将更加突出。

如图9-1所示，在各项三级指标中，人均生产性服务业增加值（X71）、科学研究和技术服务业就业贡献率（X22）、外商投资企业投资总额/生产性服务业增加值（X62）三项指标的综合权重位列前三，具体数据分别为 0.0968、0.0878、0.0833，表明高质量生产性服务业的人均水平、科学研究和技术服务业的就业水平、生产性服务业高质量发展的对外投资水平在引领生产性服务业高质量发展的进程中发挥了积极的促进作用。科学研究与技术服务业人工成本投入产出率（X52）、生产性服务业集聚效应（X31）、货物进出口总额/生产性服务业增加值（X61）的综合权重分别为 0.0833、0.0807、0.0799，表明生产性服务业的高质量发展水平提升更加依赖科学研究与技术服务业人工成本投入产出情况、生产性服务业集聚效应及货物进出口情况。居民收入与生产性服务业增长协调度（X73）、高端生产性服务业贡献率（X32）及生产性服务业就业人员平均工资增长率（X72）的综合权重在所有三级指标权重中处于末位，分别为 0.0176、0.0118、0.0115，三者对生产性服务业高质量的贡献度较低，对生产性服务业高质量发展水平提升的促进作用不大。

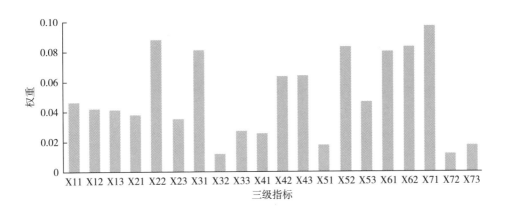

图 9-1　三级指标的权重

9.2.3　指数测算及结果分析

本节利用 TOPSIS 综合评价法计算我国 30 个省份（不包含西藏和港澳台地区的数据）2011~2022 年生产性服务业高质量发展的综合指数，结果如表 9-4 所示。

表9—4 2011~2022年全国30个省份及地区生产性服务业高质量发展水平测度结果

省份及地区	2011年	2012年	2013年	2014年	2015年	2016年	2017年	2018年	2019年	2020年	2021年	2022年	均值
北京	0.4145	0.4343	0.4387	0.4385	0.4313	0.4450	0.4654	0.4852	0.4920	0.4892	0.5560	0.5500	0.4700
天津	0.2804	0.3339	0.3355	0.3380	0.3306	0.3517	0.3615	0.3500	0.3241	0.3486	0.4875	0.4143	0.3547
河北	0.2605	0.2863	0.2898	0.2767	0.2512	0.2455	0.2689	0.2579	0.2689	0.2827	0.3031	0.3082	0.2750
上海	0.3488	0.3554	0.3629	0.3826	0.3885	0.3977	0.4151	0.4492	0.4597	0.4604	0.5540	0.5419	0.4263
江苏	0.3330	0.3478	0.3179	0.3261	0.3528	0.3585	0.3659	0.3654	0.3826	0.3984	0.4555	0.4616	0.3721
浙江	0.2736	0.2963	0.2986	0.2779	0.2872	0.2948	0.3089	0.3172	0.3344	0.3356	0.3797	0.3843	0.3157
福建	0.2543	0.2794	0.2650	0.2679	0.2636	0.2568	0.2699	0.2871	0.2941	0.2913	0.3642	0.3803	0.2895
广东	0.3603	0.3681	0.3722	0.3471	0.3627	0.3475	0.3743	0.3926	0.4235	0.4089	0.4511	0.4470	0.3879
山东	0.2825	0.3252	0.2939	0.3082	0.3064	0.2886	0.3027	0.2853	0.2943	0.3446	0.3800	0.4125	0.3187
海南	0.2607	0.2893	0.2640	0.2788	0.2574	0.2943	0.2728	0.2934	0.2974	0.2817	0.3598	0.3756	0.2938
辽宁	0.2392	0.2731	0.2563	0.2644	0.2668	0.2276	0.2715	0.2781	0.3145	0.3002	0.3302	0.3403	0.2802
东部地区	0.3007	0.3263	0.3177	0.3188	0.3180	0.3189	0.3343	0.3419	0.3532	0.3583	0.4201	0.4196	0.3440
山西	0.2029	0.2649	0.2096	0.2154	0.2391	0.2019	0.2214	0.2240	0.2464	0.2353	0.2904	0.2712	0.2352
吉林	0.2279	0.2564	0.2440	0.2548	0.2517	0.2616	0.2437	0.2508	0.2909	0.2880	0.3169	0.2884	0.2646
黑龙江	0.2221	0.2832	0.2546	0.2581	0.2597	0.2545	0.2451	0.2086	0.2646	0.2612	0.3362	0.3451	0.2661
安徽	0.2076	0.2794	0.2349	0.2634	0.2493	0.2497	0.2477	0.2826	0.2596	0.2901	0.3405	0.3408	0.2705
河南	0.2345	0.2679	0.2548	0.2597	0.2577	0.2460	0.2467	0.2718	0.2721	0.2869	0.3416	0.3411	0.2734
湖北	0.2006	0.2723	0.2568	0.2453	0.2677	0.2596	0.2679	0.2478	0.2879	0.2697	0.3356	0.3403	0.2710

续表

省份及地区	2011年	2012年	2013年	2014年	2015年	2016年	2017年	2018年	2019年	2020年	2021年	2022年	均值
湖南	0.2528	0.2510	0.2524	0.2479	0.2441	0.2475	0.2679	0.2893	0.2926	0.2907	0.3327	0.3275	0.2747
江西	0.2561	0.2491	0.2426	0.2578	0.2512	0.2524	0.2395	0.2752	0.2751	0.2789	0.3088	0.3294	0.2680
中部地区	0.2256	0.2655	0.2437	0.2503	0.2526	0.2466	0.2475	0.2563	0.2736	0.2751	0.3253	0.3230	0.2654
内蒙古	0.2591	0.2638	0.2631	0.2748	0.2545	0.2509	0.2561	0.1867	0.2384	0.2236	0.2669	0.2832	0.2518
广西	0.2278	0.2568	0.2477	0.2392	0.2481	0.2434	0.2471	0.2522	0.2598	0.2870	0.3784	0.3912	0.2732
重庆	0.2392	0.2803	0.2690	0.2734	0.2697	0.2736	0.2655	0.2395	0.2794	0.2703	0.3203	0.3241	0.2754
四川	0.2637	0.3096	0.2660	0.2839	0.2899	0.3060	0.3048	0.2648	0.2951	0.2829	0.3117	0.3211	0.2916
贵州	0.2475	0.2742	0.2680	0.2724	0.2625	0.2930	0.2479	0.2710	0.2263	0.2154	0.2343	0.2656	0.2565
云南	0.2482	0.2536	0.2619	0.2517	0.2519	0.2540	0.2446	0.2741	0.2697	0.2834	0.3046	0.3200	0.2681
陕西	0.2329	0.2724	0.2464	0.2736	0.2563	0.2617	0.2656	0.2771	0.2833	0.2660	0.2946	0.2978	0.2690
甘肃	0.2520	0.3086	0.2739	0.2651	0.2552	0.2436	0.2556	0.2308	0.2573	0.2634	0.2818	0.2720	0.2633
青海	0.2660	0.2810	0.2577	0.3111	0.2733	0.2712	0.2461	0.2399	0.1842	0.2417	0.2772	0.2779	0.2606
宁夏	0.2651	0.2786	0.2605	0.2627	0.2689	0.2448	0.2715	0.2285	0.2478	0.2579	0.2954	0.2707	0.2627
新疆	0.2405	0.2764	0.2559	0.2612	0.2556	0.2451	0.2431	0.2840	0.2462	0.2829	0.2900	0.3078	0.2657
西部地区	0.2493	0.2778	0.2609	0.2699	0.2624	0.2625	0.2589	0.2499	0.2534	0.2613	0.2959	0.3028	0.2671
全国	0.2618	0.2923	0.2771	0.2826	0.2802	0.2789	0.2835	0.2853	0.2954	0.3006	0.3493	0.3510	0.2948

从时间序列的纵向维度来看，我国30个省份生产性服务业的高质量发展水平整体上呈明显的上升趋势。其中，东部地区作为经济最发达的地区，其平均水平从2011年的0.3007上升至2022年的0.4196，增长幅度较大，表明东部地区的生产性服务业高质量发展较为显著；中部地区的平均水平从2011年的0.2256提升到2022年的0.3230，虽然增长速度比东部地区慢，但也表现出稳步上升的趋势；西部地区虽然起点较低，但从2011年的0.2493增长到了2022年的0.3028，可以看出政策扶持和区域发展战略的效果逐渐显现。

从三大地区角度来分析，对比其均值可以发现，东部地区的生产性服务业高质量发展水平最高（0.3440），西部地区次之（0.2671），而中部地区最低（0.2654），这反映了我国不同地区生产性服务业高质量发展水平存在显著的空间差异，呈现"东高、中西低"的发展态势。同时，东部地区与中部、西部地区生产性服务业高质量发展水平差距也呈现逐渐扩大的趋势。中部与西部地区在基础设施、产业结构、劳动力投入、技术发展等方面相对欠缺，制约了该地区生产性服务业的高质量发展。

从我国30个省份生产性服务业高质量发展的平均水平来看，中部地区各省份生产性服务业的高质量发展水平在全国处于中后位置，其中山西省在生产性服务业发展方面相对滞后（0.2352）。

9.3　本章小结

本章通过构建生产性服务业高质量发展水平测度指标体系，采用CRITIC-熵权法综合权重模型对各项指标赋权，利用TOPSIS综合评价法计算出2011～2022年我国30个省份（不包含西藏和港澳台地区）生产性服务业高质量发展的综合指数与各级指标指数，得到了生产性服务业高质量发展水平的测度结果。通过对其进行纵向趋势分析和横向对比分析，得出我国生产性服务业的高质量发展水平在整体上呈现"稳中求进、稳中向好"的发展态势，但区域间存在明显差异。而山西省的生产性服务业发展在中部地区中的优势并不明显，存在较大的上升空间。

10 研究结论与政策建议

本章将结合前文的实证分析结果，对本书的结论进行总结，并基于当前山西省要素配置与产业转型发展水平，提出相应建议，以期给出山西省经济发展的优化路径，推动山西省迈向高质量发展之路。

10.1 研究结论

经过对山西省要素配置和服务业转型发展进行深入分析，得出以下结论。

（1）山西省要素配置的非均衡现象严重。本书对山西省各区域、各产业的生产要素和创新要素错配进行了测度，发现要素价格相对扭曲系数的不同反映出山西省经济发展中各产业、各区域发展存在严重的不均衡现象：生产要素在第一产业过度配置；第二产业由于技术进步程度落后，劳动力和资本要素未能发挥作用，存在较大发展潜力；第三产业处于快速上升期，各产业要素配置状况相对优于第一、第二产业。山西在创新资源配置上与其他省份相比，优势并不明显。

（2）虽然山西省的产业结构高级化水平逐年提高，但是仍然存在产业结构不合理的问题。山西省地区产业结构高级化水平的提高主要依靠第三产业的快速发展，而第一产业的发展相对落后，第二产业科技水平有待提高，均不足以支撑现有产业结构的需求，这就导致劳动力和资本逐渐从第二产业流出，三次产业间的发展存在非均衡问题，使山西省经济发展相对落后。

（3）山西省服务业转型潜力较大。山西省服务业的全要素生产率和技术效率均高于全国平均水平，说明山西省服务业在山西经济转型发展中具有重要作用，但其技术进步效率略低，在生产性服务业高质量发展评价中处于中部地区的末位。虽然不具备领先优势，但仍有较大的发展空间。

10.2　政策建议

针对前文的研究，本书对山西省要素配置与产业转型发展提出如下政策建议。

10.2.1　调整产业政策，积极推进产业结构合理化发展

一是针对三次产业要素错配的测度结果，进一步推进产业结构的调整。降低第一产业的劳动力投入，积极推进农业现代化发展，提高农业劳动生产率，提升农林牧渔业的机械化和现代化。加强对第一产业剩余劳动力的技术培训和人才培养，使其向第二、第三产业流动。第二产业存在资本和劳动力要素投入不足的现象，说明经济尚未完成工业化，在产业结构的优化升级中，应合理提升科技含量，增加投资和科技人员的投入。同时，应当增加工业产业的竞争力，加快传统工业的转型升级，推进落后产能的淘汰。在追求产业优化升级的过程中，不能一味追求第三产业的发展，也应当重视第二产业。山西省一直以资源大省著称，为避免资源减少带来的经济增长动力不足，近年来一直大力发展第三产业，但也应当看到，第二产业依旧存在巨大的发展潜力。继续推进第三产业的发展，针对金融业、科学研究和技术服务业等行业资本要素配置不足的问题，应增加资本要素投入，引进和培养高层次人才，重视发挥第三产业对工业实体经济发展的促进作用。

二是注重劳动力资源的配置，提升山西省各产业的科技含量。通过全国各地区要素配置的对比可以看出，劳动力配置对经济增长的影响更为重要。结合山西省的实际情况，在产业转型升级的同时，应加大各产业之间的劳动力流动，注重劳动力整体素质的提升，加大就业的技术培训，为市场提供相匹配的人才，充分发挥劳动力要素在经济发展中的作用。因此，要积极推进要素市场化改革，建立

健全产权明晰、竞争有序、自由流动、具有市场化价格形成机制的要素市场。削弱户籍制度对各个地市间劳动力自由流动的制约，加强人才培养，推进劳动力素质的提高。加大三次产业技术进步的步伐，推动科学技术和经营管理的进步，促进劳动生产率的提高和资源的有效利用，搭建科技服务平台，完善专利保护制度，加大创新产业和人才培养的投入，积极引进新技术，提高科技服务水平，促进要素的自由流动和有效配置。

三是山西省创新资源配置效率处于规模报酬递增阶段，规模效率低下导致综合效率较低，因此坚持创新驱动发展战略，首先要提高创新要素投入，以下四点应引起重视：①重视基础研究领域，在保证科技财政支持的前提下，加大对基础研究的人员投入，提高基础研究的经费占比，促进基础创新产生更显著的技术扩散效应；②研发机构和高校是科技创新的人才培养基地，政府在提高对企业研发投入的同时，应加大对研发机构、高校的投入；③注重人才培养机制，扩大接受高等教育的人数规模，提升人才培养质量，培养其良好的科研能力和科研素养；④建立人才保障体系，实施具有激励机制的人才引进、人才奖励等政策，或通过产学研模式，加强企业、高校和科研机构的合作，建设高水平、多层次、跨领域的创新人才团队。

10.2.2 促进服务业的转型升级，重视生产性服务业的提升

一是进一步加强对生产性服务业的支持，实现山西省区域经济的均衡增长。出台更具吸引力的财政税收政策，为各地区生产性服务业提供优惠税率、降费政策或投资补贴，以降低企业成本，鼓励企业在这些地区设立运营中心或研发中心。加强基础设施建设，特别是在交通、通信和能源等关键领域，提高山西省各地区的连通性和整体竞争力，为企业提供更好的物流和信息流支持。通过设立特殊经济区或高新技术产业园区，为生产性服务业企业提供集中的优质资源和服务，包括高效的行政审批、便捷的金融服务，以及人才培训和引进政策等。

二是促进传统服务业的转型升级，进行科技成果的有效转化。加强研发支持，政府可以提供财政补贴和税收优惠，鼓励企业增加研发投入，尤其是对致力于开发新技术、新服务模式的企业。建立行业创新中心、技术孵化器和加速器，

为创新型企业提供实验空间、技术支持和资金帮助。这些平台可以帮助企业加快技术研发和应用，推动科技成果的快速转化。

三是增强协调能力、优化经济共享。通过政策引导和市场机制，促进生产性服务业与高端制造业、信息技术等行业的深度融合，提升产业链协同效应。设立产学研合作平台，鼓励企业、高校和研究机构共同参与技术研发和创新项目，以此提高产业之间的信息交流和资源共享。通过调整税收政策，增加对低收入群体的补贴，提高社会保障水平，确保生产性服务业发展成果能够更公平地惠及各个社会群体，提高就业人员工资水平、改善居民收入分配等，从而实现全民共享生产性服务业的发展成果。

10.2.3 发挥市场在资源配置中的主导作用，推动建立市场化人才培养体系

一是让市场在资源配置中起主导作用，让生产资源更多地配置到有发展潜力和竞争力强的行业，积极推进国有企业改革，建立具有自主经营、自负盈亏特征的现代企业制度。打破垄断部门利益，缩小行业之间的要素收入差距。推进科教文卫、公共管理等事业部门，以及公共基础服务行业的市场化改革；提升私有资本的参与程度，拓宽其市场进入渠道；建立健全法律体系，营造公平有序的市场竞争环境。积极贯彻"市场有效、政府有为、企业有利"的理念，以自然资源、地方金融、科技创新、生态资源等要素的优化配置为改革重点，推进山西省资源要素配置优化，为经济转型发展提供动力。

二是推动教育和培训体系的改革。立足山西省转型发展的实际，将人才培养与市场需求相结合，为生产性服务业培养更多高素质的人才，可以通过建立产学研合作平台、支持职业教育和继续教育及提供职业培训补贴等措施来实现。加强与生产性服务业相关的专业知识和技能培训，如金融分析、信息技术、大数据分析等领域。增加高等院校学生的实践机会，通过实习、项目合作等方式让学生在真实的工作环境中学习和成长，提高学生解决实际问题的能力。鼓励在职人员通过在线课程、夜校、短期培训班等方式进行继续教育，以适应快速变化的市场需求。

参考文献

［1］ Acs Z J, Anselin L, Varga A. Patents and innovation counts as measures of regional production of new knowledge ［J］. Research Policy, 2002, 31 （7）: 1069–1085.

［2］ Acs Z J, Varga A. Entrepreneurship, agglomeration and technological change ［J］. Small Business Economics, 2005, 24 （3）: 323–334.

［3］ Alfaro L, Charlton A, Kanczuk F. Firm–size distribution and cross–country income differences ［R］. NBER Working Paper, 2008, No. 14060.

［4］ Aoki S. A simple accounting framework for the effect of resource misallocation on aggregate productivity ［J］. Journal of the Japanese & International Economies, 2012, 26 （4）: 473–494.

［5］ Aslesen H W, Isaksen A. Knowledge intensive business services and urban industrial development ［J］. The Service Industries Journal, 2007, 27 （3）: 321–338.

［6］ Aysegul S, Joseph S, Giorgio T, et al. Violante, mismatch unemp loyment ［J］. American Economic Review, 2014, 104 （11）: 3529–3564.

［7］ Baily M N, Hulten C, Campbell D, et al. Productivity dynamics in manufacturing plants ［J］. Brookings Papers on Economic Activity Microeconomics, 1992: 187–267.

［8］ Banerjee A V, Moll B. Why does misallocation persist? ［J］. American Economic Journal Macroeconomics, 2010, 2 （1）: 189–206.

［9］ Banerjee A V, Duflo E. Growth Theory through the lens of development economics

[M] //Handbook of Economic Growth. Amsterdam: Elsevier, 2005, 1 (PartA): 473-552.

[10] Bartelsman E, Haltiwanger J, Scarpetta S. Cross country differences in productivity: The role of allocative efficiency [J]. American Economic Review, 2008 (1): 305-334.

[11] Baumol W J. Productivity growth, convergence, and welfare: What the long-run data show [J]. American Economic Review, 1986, 76 (5): 1072-1085.

[12] Bjurek H. The Malmquist total factor productivity index [J]. Scandinavian Journal of Economics, 1996, 98 (2): 303-313.

[13] Brandt L, Biesebroeck J V, Yifan Zhang. Creative accounting or creative destruction? Firm-level productivity growth in Chinese manufacturing [J]. Journal of Development Economics, 2012, 97 (2): 339-351.

[14] Brandt L, Tombe T, Zhu X. Factor market distortions across time, space and sectors in China [J]. Review of Economic Dynamics, 2013, 16 (1): 39-58.

[15] Browning H L, Singelmann J. The emergence of a service society: Demographic and sociological aspects of the sectoral transformation of the labor force in the USA [R]. Springfield: National Technical Information Service, 1975.

[16] Buera F J, Kaboski J P, Shin Y. Finance and development: A tale of two sectors [J]. American Economic Review, 2011, 101 (5): 1964-2002.

[17] Caves D W, Christensen L R, Diewert W E. The economic theory of index numbers and the measurement of input, output and productivity [J]. Econometric, 1982, 50 (6): 1393-1414.

[18] Chenery H B. Patterns of industrial growth [J]. American Economic Review, 1960, 50 (4): 624-654.

[19] Ciccone A, Paoaioannou E. Human capital, the structure of production and growth [J]. Review of Economics & Statistics, 2009, 91 (1): 66-82.

[20] Coffey W J, Shearmur R G. Agglomeration and dispersion of high-order service employment in the Montreal Metropolitan region, 1981-1996 [J]. Urban Stud-

ies, 2002, 39 (3): 359-378.

[21] Coffey W J. The geographies of producer services [J]. Urban Geography, 2000 (21): 170-183.

[22] Colapinto C. A way to foster innovation: A venture capital district from Silicon Valley and route 128 to Waterloo region [J]. International Review of Economics, 2007 (9): 319-343.

[23] Dauth W, Findeisen S, Suedekum J, et al. The adjustment of labor markets to robots [J]. Journal of the European Economic Association, 2021, 19 (6): 3104-3153.

[24] Dollar D, Wei S J. Das (wasted) kapital: Firm ownership and investment efficiency in China [R]. NBER Working Paper, 2007, No. 13103.

[25] Fagerberg J. Technological progress, structural change and productivity growth: A comparative study [J]. Structural Change and Economic Dynamics, 2000, 11 (4): 393-411.

[26] Foster L, Haltiwanger J, Syverson C. Reallocation, firm turnover, and efficiency: Selection on productivity or profitability? [J]. American Economic Review, 2008, 98 (1): 394-425.

[27] Fried H O, Lovell C A K, Schmidt S S, et al. Accounting for environmental effects and statistical noise in data envelopment analysis [J]. Journal of Productivity Analysis, 2002, 17 (1): 157-174.

[28] Färe R, Grosskopf S, Norris M, et al. Productivity growth, technical progress, and efficienty change in industrialized countries [J]. American Economic Review, 1994, 84 (1): 66-83.

[29] Glaeser E L. Learning in cities [J]. Journal of Urban Economics, 1999 (46): 254-277.

[30] Gobillon L, Selod H, Zenou Y. The mechanisms of spatial mismatch [J]. Urban Studies, 2007, 44 (12): 2401-2427.

[31] Greenfield E W. Influence of research and development on United States eco-

nomic position [J]. Journal of American Water Works Association, 1966, 58: 123-130.

[32] Grifell-Tatjé E, Lovell C A K. A note on the Malmquist productivity index [J]. Economics Letters, 1995, 47 (2): 169-175.

[33] Griliches Z. Patent statistics as economic indicators: A survey [J]. Journal of Economic Literature, 1990, 28 (4): 1661-1707.

[34] Grosby M. Patents: Innovation and growth [J]. Economic Record, 2000, 76 (234): 255-262.

[35] Guvenen F, Kuruscu B, Tanaka S, et al. Multidimensional skill mismatch [J]. American Economic Journal: Macroeconomics, 2020, 12 (1): 210-244.

[36] Grubel H, Walker M. Service and the changing economic structure [C]. Services in World Economic Growth Sysposium Institute, 1988 (2): 134-152.

[37] Ho G T. Labor market policies and misallocation in India [R]. UCLA Working Paper, 2010.

[38] Hoekman B M, Maskus K E, Saggi K. Transfer of technology to developing countries: Unilateral and multilateral policy options [J]. World Development, 2005, 33 (10): 1587-1602.

[39] Houston D. Testing the spatial mismatch hypothesis in the United Kingdom using evidence from firm relocations [J]. European Research in Regional Science, 2001 (11): 134-151.

[40] Howells J, Green A E. Location, technology and industrial organisation in U. K. services [J]. Progress in Planning, 1986, 26 (2): 83-183.

[41] Hsieh C-T, Hurst E, Jones C I, et al. The allocation of talent and U. S. economic growth [J]. Econometrica, 2019, 87 (5): 1439-1474.

[42] Hsieh C-T, Klenow P J. Misallocation and manufacturing TFP in China and India [J]. Quarterly Journal of Economics, 2009 (4): 1403-1448.

[43] Humphrey J, Schmitz H. How does insertion in global value chains affect upgrading in industrial clusters [J]. Regional Studies, 2002, 36 (9): 1017-1027.

[44] Illeris S, Jean P. Introduction: The role of services in regional economic

growth [J]. Service Industries Journal, 1993, 13 (2): 3-10.

[45] Jeong H, Townsend R M. Sources of TPF growth: Occupational choice and financial deepening [J]. Economic Theory, 2007 (32): 179-221.

[46] Jondrow J, Knox L C, Materov I, Schmidt P. On the Estimation of technical inefficiency in the Stochastic Frontier Production Function Model [J]. Journal of Econometrics, 1982 (19): 233-238.

[47] Jones C I, Romer P M. The new kaldor facts: Ideas, institutions, population and human capital [R]. NBER Working Papers, 2010, No. 15094.

[48] Kain J H. Housing segregation, negro employment, and metropolitan decentralization [J]. The Quarterly Journal of Economics, 1968, 82 (2): 175-197.

[49] Kaldor N. Increasing returns and technical progress-A comment on professor hicks's article [J]. Oxford Economic Papers, 1961, 13 (1): 1-4.

[50] Kalemli-Ozcan S, Sørensen B E. Misallocation, property rights, and access to finance: Evidence from within and across Africa [R]. NBER Working papers, 2012, No. 18030.

[51] Kortum S, Lerner J. Assessing the contribution of venture capital to innovation [J]. RAND Journal of Economics, 2000, 31 (4): 674-692.

[52] Kuznets S. Modern economic growth: Findings and reflections [J]. American Eonomic Review, 1973, 63 (3): 829-846.

[53] Leoncini R. The nature of the long-run technological change: Innovation, evolution and technological systems [J]. Research Policy, 1998, 27 (1): 75-93.

[54] Liu R M, Li S Y. Micro-structure of clay generated by quartet structure generation set [J]. Journal of Zhejiang University, 2010, 44 (10): 1897-1901.

[55] Lundquist P, Olander N, Henning M. The role of the business developer in industrial network identification and development [J]. Industrial Marketing Management, 2008, 37 (2): 193-203.

[56] Micco A, Repetto A. Productivity, misallocation and the labor market [R]. Working Paper, 2012.

［57］ Midrigan V, Xu D Y. Finance and misallocation: Evidence from plant-level data ［J］. American Economic Review, 2010, 104 (2): 422-458.

［58］ Muhammad R A, Chiara M, Francesco P. Note on lilien and modified lilien index ［J］. The Stata Journal Promoting Communications on Statistics and Stata, 2014, 14 (2): 398-406.

［59］ Ngai L R, Pissarides C. Structural change in a multi-sector model of growth ［J］. American Economic Review, 2007, 97 (1): 429-433.

［60］ Park T, Ryu D. Drivers of technology commercialization and performance in SMEs ［J］. Management Decision, 2015, 53 (2): 338-353.

［61］ Pieper U. Deindustrialization and the social and economics sustainability nexus in developing countries: Cross-country evidence on productivity and employment ［J］. The Journal of Development Studies, 2000, 36 (4): 66-99.

［62］ Ratchford J T, Blanpied W A. Paths to the future for science and technology in China, India and the United States ［J］. Technology in Society, 2008, 30 (3-4): 211-233.

［63］ Restuccia D, Rogerson R. Policy distortions and aggregate productivity with heterogeneous establishments ［J］. Review of Economic Dynamics, 2008, 11 (4): 707-720.

［64］ Robinson R I, Wrightsman D. Financial market: The accumulation and allocation of wealth ［M］. New York: McGraw-Hill Book Company, 1974.

［65］ Rogerson R. Structural transformation and the deterioration of European Labor Market Outcomes ［J］. Journal of Political Economy, 2008, 116 (2): 235-259.

［66］ Rostow W W. The stages of economic growth: A non-communist manifesto ［M］. Cambridge: Cambridge University Press, 1971.

［67］ Samy Y, Daudelin J. Globaliztion and inequality: Insights from municipal level data in Brazil ［J］. Indian Growth and Development Review, 2013, 6 (1): 128-147.

［68］Sliker B K. R&D satellite account methodologies：R&D capital stocks and net rates of return ［R］. Bureau of Economic Analysis/National Science Foundation R&D Satellite Account Background Paper，2007.

［69］Syrquin M. Productivity growth and factor reallocation ［M］//Chenery H, Robinson S，Syrquin M. Industrialization and growth：A comparative study ［M］. New York：Oxford University Press，1986.

［70］Teixeira A，Queirós A. Economic growth，human capital and structural change：A dynamic panel data analysis ［J］. Research Policy，2016，45（8）：1636-1648.

［71］Teresa S-C P. The impact of changing employment system and human resource practices to labour market mismatch：A case of the Hong Kong banking sector ［R］. Working Paper，2015.

［72］Wurgler D，Mangold C. Development and safety certification of DSP-Based line current interference monitor for rail vehicles ［M］. Bologna：WIT Press，2000.

［73］Xavier R，Fernando Sánchez-Losada，Montserrat Vilalta-Bufí. Knowledge misallocation and growth，macroeconomics dynamics ［M］. New York：Cambridge University Press，2014.

［74］Ziebarth N L. Misallocation and productivity during the great depression ［R］. Working Paper，2012.

［75］白俊红，蒋伏心.考虑环境因素的区域创新效率研究——基于三阶段DEA方法［J］.财贸经济，2011（10）：104-112.

［76］白重恩，路江涌，陶志刚.国有企业改制效果的实证研究［J］.经济研究，2006（8）：4-13，69.

［77］柏培文.我国产业劳动力配置扭曲及其因素分解：1978-2013［J］.吉林大学社会科学学报，2016（1）：17-27.

［78］蔡玉蓉，汪慧玲.科技创新、产业集聚与地区劳动生产率［J］.经济问题探索，2018（1）：59-69.

［79］曹荣荣.中国区域创新效率评价及其影响因素分析——基于2009-2016

年省际面板数据 [D]. 南昌：华东交通大学，2018.

[80] 曹玉书，楼东伟. 资源错配、结构变迁和中国经济转型 [J]. 中国工业经济，2012（10）：5-18.

[81] 陈斌开，金箫，欧阳涤非. 住房价格、资源错配与中国工业企业生产率 [J]. 世界经济，2015，38（4）：77-98.

[82] 陈宏愚. 关于区域科技创新资源及其配置分析的理性思考 [J]. 中国科技论坛，2003（5）：36-39.

[83] 陈丽娴. 生产性服务业空间关联是否加速了制造业区域转移？[J]. 统计研究，2023，40（3）：43-55.

[84] 陈林，夏俊. 高校扩招对创新效率的政策效应：基于准实验与双重差分模型的计量检验 [J]. 中国人口科学，2015（10）：45-57.

[85] 陈艳莹，黄鹭. 我国生产性服务业增长的效率特征——基于2004~2009年省际面板数据的研究 [J]. 工业技术经济，2011，30（5）：42-49.

[86] 陈永伟，胡伟民. 价格扭曲、要素错配和效率损失：理论和应用 [J]. 经济学（季刊），2011，10（4）：1401-1422.

[87] 陈永伟，资源错配：问题、成因和对策 [D]. 北京：北京大学，2013.

[88] 陈钰芬，陈锦颖. 数字化发展何以提升创新要素配置效率？——基于要素流动视角 [J]. 现代经济探讨，2024（8）：14-26.

[89] 程大中. 中国生产者服务业的增长、结构变化及其影响——基于投入-产出法的分析 [J]. 财贸经济，2006（10）：8.

[90] 迟福林. 走向服务业大国2020——中国经济转型升级的大趋势 [J]. 当代社科视野，2015（2）：60-63.

[91] 崔宏桥，吴焕文，朱玉. 服务业高质量发展评价指标体系构建与实践 [J]. 税务与经济，2022（1）：85-91.

[92] 戴鹏，吴杰. 中国生产性服务业发展影响因素研究：基于30个省份的面板数据分析 [J]. 经营与管理，2022（12）：186-192.

[93] 戴显红，侯强. 供给侧改革视野下区域科技创新资源的优化配置 [J]. 决策咨询，2020（2）：13-17，200.

［94］樊福卓.一种改进的产业结构相似度测度方法［J］.数量经济技术经济研究，2013，30（7）：98-115.

［95］范德成，杜明月.高端装备制造业技术创新资源配置效率及影响因素研究——基于两阶段 StoNED 和 Tobit 模型的实证分析［J］.中国管理科学，2018，26（1）：13-24.

［96］方远平，毕斗斗，谢蔓，等.知识密集型服务业空间关联特征及其动力机制分析：基于广东省 21 个地级市的实证［J］.地理科学，2014（8）：1193-1201.

［97］菲利普·阿吉翁，彼得·霍依特.内生增长理论［M］.陶然，等译.北京：北京大学出版社，2004.

［98］费洪平.当前我国产业转型升级的方向及路径［J］.宏观经济研究，2017（2）：3-8，38.

［99］冯泰文.生产性服务业的发展对制造业效率的影响——以交易成本和制造成本为中介变量［J］.数量经济技术经济研究，2009，26（3）：56-65.

［100］傅小龙.广东劳动力配置结构分析及其对策探讨［J］.商业经济，2019（2）：46-47.

［101］干春晖，王强.改革开放以来中国产业结构变迁：回顾与展望［J］.经济与管理研究，2018（8）：3-14.

［102］干春晖，郑若谷，余典范.中国产业结构变迁对经济增长和波动的影响［J］.经济研究，2011，46（5）：4-16，31.

［103］龚关，胡关亮.中国制造业资源配置效率与全要素生产率［J］.经济研究，2013（4）：4-15.

［104］郭俊华，卫玲，边卫军.新时代新常态视角下中国产业结构转型与升级［J］.当代经济科学，2018（12）：81-90.

［105］郭克莎.中国产业结构调整升级趋势与"十四五"时期政策思路［J］.中国工业经济，2019（7）：24-42.

［106］郭玉清.资本积累、技术变迁与总量生产函数——基于中国 1980-2005 年经验数据的分析［J］.南开经济研究，2006（3）：79-89.

［107］H.钱纳里，S.鲁宾逊，M.赛尔奎因.工业化和经济增长的比较研究
［M］.吴奇，等译，上海：上海人民出版社，1995.

［108］韩峰，阳立高.生产性服务业集聚如何影响制造业结构升级？——一
个集聚经济与熊彼特内生增长理论的综合框架［J］.管理世界，2020，36（2）：
72-94，219.

［109］韩剑，郑秋玲.政府干预如何导致地区资源错配——基于行业内和行
业间错配的分解［J］.中国工业经济，2014（11）：69-81.

［110］侯睿婕，陈钰芬.SNA框架下中国省际R&D资本存量的估算［J］.统
计研究，2018（5）：19-28.

［111］胡观景，李启华.新发展理念视角下服务业高质量发展评价指标体系
构建［J］.中国工程咨询，2020（10）：69-73.

［112］胡国平，徐显峰，刘军，等.都市生产性服务业外向发展机制及影响
因素——基于我国15个副省级城市1999-2008年面板数据的研究［J］.宏观经
济研究，2012（3）：40-47.

［113］黄娟.我国地级市知识密集型服务业集聚水平及其影响因素研究［D］.
长沙：湖南大学，2011.

［114］黄蕊，金晓彤.我国区域经济非平衡非充分发展的解决路径：创新资源
配置方式的优化与重构：基于后发优势理论视角［J］.经济问题，2018（10）：
1-7，46.

［115］纪雯雯，赖德胜.工会能够维护流动人口劳动权益吗？［J］.管理世
界，2019（2）：88-101.

［116］姜辉，周倚乐，龙海明.金融资源配置对产业结构优化的影响研究［J］.
金融经济，2020（10）：9-19，28.

［117］焦翠红，孙海波，董直庆.R&D资源配置效率演化及研发补贴效
应——来自制造业的经验证据［J］.山西财经大学学报，2017（1）：58-71.

［118］靳来群.所有制歧视下金融资源错配的两条途径［J］.经济与管理研
究，2015（7）：36-43.

［119］靳卫东.人力资本与产业结构转化的动态匹配效应：就业、增长和收

入分配问题的评述［J］.经济评论，2010（6）：137-142.

［120］李钢，廖建辉，向奕霓.中国产业升级的方向与路径——中国第二产业占 GDP 的比例过高了吗？［J］.中国工业经济，2011（10）：16-26.

［121］李红霞，李五四.我国科技资源配置效率与空间差异分析——基于SFA 模型的实证分析［J］.科学管理研究，2010，28（4）：35-40.

［122］李佳洺，王姣娥.建立服务新发展格局的内通外联网络化国土空间格局［J］.中国科学院院刊，2024（4）：702-713.

［123］李静，楠玉.人力资本错配下的决策：优先创新驱动还是优先产业升级？［J］.经济研究，2019，54（8）：152-166.

［124］李文秀，谭立文.服务业集聚的二维评价模型及实证研究——以美国服务业为例［J］.中国工业经济，2008（4）：55-63.

［125］李翔，邓峰.科技创新与产业结构优化的经济增长效应研究——基于动态空间面板模型的实证分析［J］.经济问题探索，2018（6）：144-154.

［126］李欣益.我国农村劳动力资源优化配置问题研究［D］.吉林：东北电力大学，2017.

［127］李旭超，罗德明，金祥荣.资源错置与中国企业规模分布特征［J］.中国社会科学，2017（2）：25-43，205-206.

［128］李言，高波，雷红.中国地区要素生产率的变迁：1978～2016［J］.数量经济技术经济研究，2018，35（10）：21-39.

［129］李研.行业收入差距、产业结构升级与区域产业定位［J］.山西财经大学学报，2021，43（1）：27-41.

［130］李燕萍，李乐.人力资源服务业高质量发展评价指标体系及测度研究——基于 2012-2020 年中国数据的实证［J］.宏观质量研究，2022，10（5）：1-14.

［131］李勇，马芬芬.人力资源错配如何扭曲了产业结构升级［J］.经济经纬，2021，38（2）：82-90.

［132］李展.资源错配的行业根源及其对全要素生产率的影响［J］.当代财经，2021（6）：3-13.

[133] 李籽墨, 余国新. 中国生产性服务业高质量发展水平的空间差异及分布动态演进 [J]. 统计与决策, 2023 (2): 121-125.

[134] 廖常文, 张治栋. 稳定经济增长、产业结构升级与资源错配 [J]. 经济问题探索, 2020 (11): 16-26.

[135] 凌永辉, 张月友, 沈凯玲. 生产性服务业发展、先进制造业效率提升与产业互动——基于面板联立方程模型的实证研究 [J]. 当代经济科学, 2017, 39 (2): 62-71.

[136] 刘斌, 魏倩, 吕越, 等. 制造业服务化与价值链升级 [J]. 经济研究, 2016, 51 (3): 151-162.

[137] 刘贯春, 陈登科, 丰超. 最低工资标准的资源错配效应及其作用机制分析 [J]. 中国工业经济, 2017 (7): 62-80.

[138] 刘志彪, 陈柳. 政策标准、路径与措施: 经济转型升级的进一步思考 [J]. 南京大学学报 (哲学·人文科学·社会科学), 2014 (9): 48-56.

[139] 刘自敏, 张昕竹, 杨丹. 我国省级政府卫生投入效率的时空演变——基于面板三阶段 DEA 模型的分析 [J]. 中央财经大学学报, 2014 (6): 97-104.

[140] 鲁朝云, 刘国炳. 现代服务业高质量发展评价指标体系构建及应用 [J]. 大连海事大学学报 (社会科学版), 2019 (10): 64-70.

[141] 鲁晓东. 金融资源错配阻碍了中国的经济增长吗 [J]. 金融研究, 2008 (4): 55-68.

[142] 陆明涛, 袁富华, 张平. 经济增长的结构性冲击与增长效率: 国际比较的启示 [J]. 世界经济, 2016, 39 (1): 24-51.

[143] 吕延方, 项云, 王冬. 数字服务投入、行业竞争程度与劳动力要素错配 [J]. 经济学动态, 2024 (5): 19-36.

[144] 罗登跃. 三阶段 DEA 模型管理无效率估计注记 [J]. 统计研究, 2012, 29 (4): 104-107.

[145] 孟连, 王小鲁. 对中国经济增长统计数据可信度的估计 [J]. 经济研究, 2001 (1): 3-13.

[146] 聂辉华, 贾瑞雪. 中国制造业企业生产率与资源误置 [J]. 世界经济,

2011, 34 (7): 27-42.

[147] 裴长洪. 我国现代服务业发展的经验与理论分析 [J]. 中国社会科学院研究生院学报, 2010 (1): 5-15.

[148] 戚湧, 张明, 李太生. 基于 Malmquist 指数的江苏创新资源整合共享效率评价 [J]. 中国软科学, 2013 (10): 101-110.

[149] 秦炳涛, 刘建昆, 葛力铭. 环境规制强度、产业结构优化与我国资源配置改善 [J]. 重庆工商大学学报 (社会科学版), 2020 (9): 1-10.

[150] 秦宇. 我国科技资源错配测度及其影响研究 [D]. 北京: 中央财经大学, 2017.

[151] 任韬, 王文举. 中国三次产业间劳动力资源优化配置及转移分析 [J]. 统计研究, 2014, 31 (12): 20-24.

[152] 申玉铭, 邱灵, 任旺兵, 等. 我国服务业发展的基本特征与空间差异研究 [J]. 人文地理, 2007, 22 (6): 1-5.

[153] 盛丰. 生产性服务业集聚与制造业升级: 机制与经验——来自 230 个城市数据的空间计量分析 [J]. 产业经济研究, 2014 (2): 32-39.

[154] 盛龙, 陆根尧. 中国生产性服务业集聚及其影响因素研究: 基于行业和地区层面的分析 [J]. 南开经济研究, 2013 (10): 115-129.

[155] 师萍, 李垣. 科技资源体系内涵与制度因素 [J]. 中国软科学, 2000 (12): 55-56.

[156] 宋大强. 生产性服务业发展的经济影响: 一个文献综述 [J]. 现代经济探讨, 2021 (3): 97-104.

[157] 宋锦剑. 论产业结构优化升级的测度问题 [J]. 当代经济科学, 2000 (3): 92-97.

[158] 宋文月, 任保平. 改革开放 40 年我国产业政策的历史回顾与优化调整 [J]. 改革, 2018 (12): 42-54.

[159] 孙天睿, 张向荣. 金融资源错配、产业结构与环境污染: 基于中国地方数据的检验 [J]. 工业技术经济, 2021, 40 (5): 99-106.

[160] 孙雪梅, 腾达. 资源配置扭曲对区域产业结构升级的实证研究 [J].

当代经济，2021（3）：14-16.

[161] 孙振华，易小丽.数字金融发展与资本要素错配：基于双重金融摩擦视角 [J].金融与经济，2023（12）：21-32.

[162] 汤婧，夏杰长.我国服务贸易高质量发展评价指标体系的构建与实施路径 [J].北京工业大学学报（社会科学版），2020（6）：47-57.

[163] 唐泳，赵光洲.科技资源市场化配置中的风险分析 [J].科技进步与对策，2011（8）：129-132.

[164] 田新民，韩端.产业结构效应的度量与实证——以北京为案例的比较分析 [J].经济学动态，2012（9）：74-82.

[165] 王聪，朱先奇，刘玎琳，等.京津冀协同发展中科技资源配置效率研究：基于超效率DEA-面板Tobit两阶段法 [J].科技进步与对策，2017，34（19）：47-52.

[166] 王海燕.国家创新系统的内涵及其运行绩效的评估 [J].中国科技论坛，2000（6）：31-33.

[167] 王亮.区域创新的配置效率研究 [M].杭州：浙江大学出版社，2010.

[168] 王鹏，尤济红.产业结构调整中的要素配置效率——兼对"结构红利假说"的再检验 [J].经济学动态，2015（10）：70-80.

[169] 王宋涛，温思美，朱腾腾.市场分割、资源错配与劳动收入份额 [J].经济评论，2016（1）：13-25，79.

[170] 王志华，陈圻.长江三角洲地区制造业结构趋同与竞争绩效 [J].统计研究，2005（3）：33-36.

[171] 王智毓，杨濛濛，苗芊.数字技术促进服务业发展的影响机制与路径 [J].科技中国，2024（5）：51-55.

[172] 吴传俭.政府审计的经济资源错配修正论研究 [J].技术经济与管理研究，2016（12）：88-92.

[173] 吴延兵.自主研发、技术引进与生产率——基于中国地区工业的实证研究 [J].经济研究，2008（8）：51-64.

［174］夏杰长.开创服务业高质量发展的新格局［J］.中国经贸导刊,2019 (11):65,78.

［175］谢呈阳,周海波,胡汉辉.产业转移中要素资源的空间错配与经济效率损失:基于江苏传统企业调查数据的研究［J］.中国工业经济,2014 (12):130-142.

［176］徐敏,姜勇.中国产业结构升级能缩小城乡消费差距吗?［J］.数量经济技术经济研究,2015.32(3):3-21.

［177］徐现祥,周吉梅,舒元.中国省区三次产业资本存量估计［J］.统计研究,2007(5):6-13.

［178］许庆瑞.研究、发展与技术创新管理［M］.北京:高等教育出版社,2010.

［179］杨豪.融资寻租、资本错配与全要素生产率［J］.统计研究,2022 (10):51-67.

［180］杨曦,徐扬.行业间要素错配、对外贸易与中国实际 GDP 变动［J］.经济研究,2021(6):58-75.

［181］杨振,陈甬军.中国制造业资源误置及福利损失测度［J］.经济研究,2013(3):43-55.

［182］杨志才,柏培文.要素错配 U 型趋势的决定因素——来自中国省际面板数据的证据［J］.中国经济问题,2019,9(5):62-75.

［183］杨智峰,陈霜华,汪伟.中国产业结构变化的动因分析——基于投入产出模型的实证研究［J］.财经研究,2014,40(9):38-49,61.

［184］姚战琪.服务业对外开放对我国产业结构升级的影响［J］.改革,2019(1):54-63.

［185］尹夏楠,孟杰,陶秋燕.高精尖产业科技资源配置效率动态演化研究——基于企业微观视角［J］.科技促进发展,2022,16(11):1325-1332.

［186］于斌斌.中国城市生产性服务业集聚模式选择的经济增长效应——基于行业、地区与城市规模异质性的空间杜宾模型分析［J］.经济理论与经济管理,2016(1):98-112.

［187］余典范，干春晖，郑若谷.中国产业结构的关联特征分析——基于投入产出结构分解技术的实证研究［J］.中国工业经济，2011（11）：5-15.

［188］余婧，罗杰.中国金融资源错配的微观机制：基于工业企业商业信贷的经验研究［J］.复旦学报（社会科学版），2012（1）：19-27.

［189］喻胜华，李丹，祝树金.生产性服务业集聚促进制造业价值链攀升了吗——基于277个城市微观企业的经验研究［J］.国际贸易问题，2020（5）：57-71.

［190］袁富华.长期增长过程的"结构性加速"与"结构性减速"一种解释［J］.经济研究，2012，47（3）：127-140.

［191］袁志刚，解栋栋.中国的劳动力错配对TFP的影响分析［J］.经济研究，2012（7）：4-17.

［192］原毅军，刘浩，白楠.中国生产性服务业全要素生产率测度——基于非参数Malmquist指数方法的研究［J］.中国软科学，2009（1）：159-167.

［193］曾春水，王开泳，蔺雪芹，等.环渤海经济区服务业差异时空演变及影响因素分析［J］.经济地理，2012（9）：80-85.

［194］曾艺，韩峰.生产性服务业集聚与制造业出口产品质量升级［J］.南开经济研究，2022（7）：23-41.

［195］翟静，卢毅.科技资源市场化配置中的规矩与意识研究［J］.科学管理研究，2015（5）：39-42.

［196］张伯超，靳来群，秘燕霞.我国制造业要素密集度异质性产业间资源错配与产业结构升级［J］.当代经济管理，2019，41（2）：60-67.

［197］张建华，邹凤明.资源错配对经济增长的影响及其机制研究进展［J］.经济学动态，2015（10）：122-136.

［198］张军，吴桂英，张吉鹏.中国省际物质资本存量估算：1952-2000［J］.经济研究，2004（10）：35-44.

［199］张倩肖，李丹丹.基于半参数法的中国跨地区全要素生产率研究［J］.华东经济管理，2016（3）：50-56.

［200］张庆君.要素市场扭曲、跨企业资源错配与中国工业企业生产率［J］.

产业经济研究，2015（4）：41-50.

［201］张万里，罗良文.资源错配与制造业结构变迁［J］.华东经济管理，2018，32（11）：90-95.

［202］张永恒，王家庭.高质量发展下中国产业转型升级方向研究——基于中美两国数据的对比［J］.科技进步与对策，2019（23）：53-62.

［203］张子珍，杜甜，于佳伟.科技资源配置效率影响因素测度及其优化分析［J］.经济问题，2020（8）：20-27.

［204］张宗华，张帅.数字金融提升我国资本要素配置效率研究［J］.社会科学，2022（11）：129-139.

［205］赵静.新时代皖北地区科技创新资源优化配置研究［J］.农业科研经济管理，2020（1）：12-13.

［206］赵瑞，申玉铭.黄河流域服务业高质量发展探析［J］.经济地理，2020（6）：21-29.

［207］赵爽.中国现代服务业集聚对全要素生产率的影响研究［D］.长春：东北师范大学，2021.

［208］郑长娟.浙江服务业发展的时空演化和行业集聚特征［J］.经济地理，2015（4）：114-122.

［209］钟韵，闫小培.西方地理学界关于生产性服务业作用研究述评［J］.人文地理，2005（3）：5，12-17.

［210］周海波，胡汉辉，谢呈旭，等.地区资源错配与交通基础设施：来自中国的经验证据［J］.产业经济研究，2017（1）：100-113.

［211］周少华.长株潭3+5城市群生产性服务业空间关联性研究［J］.经济地理，2012（8）：102-107.

［212］周天勇，张弥.全球产业结构调整新变化与中国产业发展战略［J］.财经问题研究，2012（2）：21-25.

［213］周煜皓，张盛勇.金融错配、资产专用性与资本结构［J］.会计研究，2014（8）：75-80.

［214］朱付元.我国目前科技资源配置的基本特征［J］.中国科技论坛，

2000（2）：61-64.

　　［215］朱平芳，徐伟民.政府的科技激励政策对大中型工业企业 R&D 投入及其专利产出的影响——上海市的实证研究［J］.经济研究，2003（6）：45-53.

　　［216］祝平衡，王秀兰，李世刚.政府支出规模与资源配置效率——基于中国工业企业数据的经验研究［J］.财经理论与实践，2018，39（2）：95-100.

　　［217］宗建强.数字经济对我国生产性服务业高质量发展的影响研究［D］.南京：南京财经大学，2023.